火花数感分级培养

第三级
10以内数的分合关系

火花思维研发中心　编

清华大学出版社
北京

版权所有，侵权必究。举报：010-62782989，beiqinquan@tup.tsinghua.edu.cn。

图书在版编目（CIP）数据

火花数感分级培养. 第三级：10以内数的分合关系 / 火花思维研发中心编. — 北京：清华大学出版社，2021.1（2023.8重印）
 ISBN 978-7-302-56574-1

Ⅰ. ①火… Ⅱ. ①火… Ⅲ. ①数学课 – 学前教育 – 教学参考资料 Ⅳ. ① G613.4

中国版本图书馆 CIP 数据核字 (2020) 第 187236 号

责任编辑：张　宇
封面设计：马术明
责任校对：赵丽敏
责任印制：宋　林

出版发行：清华大学出版社
　　　　　网　　址：http://www.tup.com.cn，http://www.wqbook.com
　　　　　地　　址：北京清华大学学研大厦 A 座　　　　　邮　编：100084
　　　　　社 总 机：010-83470000　　　　　　　　　　　邮　购：010-62786544
　　　　　投稿与读者服务：010-62776969，c-service@tup.tsinghua.edu.cn
　　　　　质量反馈：010-62772015，zhiliang@tup.tsinghua.edu.cn
印 装 者：小森印刷（北京）有限公司
经　　销：全国新华书店
开　　本：185mm×260mm　　　印　张：11.25　　插　页：2　　字　数：291 千字
版　　次：2021 年 1 月第 1 版　　　　　　　　　　　　　印　次：2023 年 8 月第 9 次印刷
定　　价：65.00 元（全三册）

产品编号：089687-02

★ 前 言 ★

> 数感是学习数学和其他学科的重要基础，数感的强弱直接影响孩子的学习质量。

"火花数感分级培养"系列图书致力于培养**2~9岁儿童**的数感，满足从认形、识数到会算、巧算、速算的各阶段需求。从"量、速、法"3个方面训练，用30天**趣味基础**、35天**进阶提升**、35天**巅峰实战**，共用100天培养孩子的数感，提升孩子的运算能力，帮助孩子掌握计算本源，为熟练解决问题夯实基础。

数感能力对标提升，六大优势实力护航

★ 更系统
根据2~9岁年龄段特点划分为7个级别（1~7级），学生按需挑选练习。小学阶段更有巧算和速算丛书额外加持，加、减、乘、除轻松掌握！

★ 更精准
100天计算目标精准拆解，每日训练触手可及，手动记录成长点滴，获得满满的成就感！

★ 更科学
3个阶段难度循序渐进，科学选取每道题目，贴心搭配学习指引，设计目标更清晰。因为科学，所以放心！

★ 更专业
20年计算领域专家经验沉淀，百人教研团队智慧结晶，一线教学老师经验分享。专业团队编写专业书籍！

★ 趣味多
3位原创角色同行，做题不再索然无味，趣味设计激发学习兴趣，爱不释手才能结缘更多题目。亲子趣味小游戏，互动感满满！

★ 小彩蛋
拼图游戏收尾，1本书拼出1个奖励物，每个级别收获1个主题。解锁更多挑战，遇见更多惊喜！

通过坚持训练，可以提升孩子的数感。即刻翻开此书，开始数感进阶之旅吧！

数感培养

什么是数感？

数感是指人们具有对数字之间关联的意识以及灵活解决与数相关问题的能力。孩子具有"数感"的典型特征是其能对遇到的数字模式和计算过程做出归纳，并能将新旧知识融会贯通。

数感培养重要吗？

数感需要花时间和精力培养吗？

非常重要！

培养数感，不仅是在培养孩子对数学的理解力，也是在培养积极的学习态度和信心，对儿童思维的构建有至关重要的影响。

数感是孩子对世界最初级的抽象认识。

生活中该如何进行数感培养？

幼儿阶段，是数感培养的关键期。数感比较好的孩子，在认识数字8时，能够理解它既是物体的总数，又是7之后9之前的数字，也可以看作是"4+4""3+5"以及"2+2+2+2"的结果，还可以从多少、大小和其他语言表达中体现出来。这个过程的培养，一定要借助实物，用**看得见**、**摸得着**的事物去感知，感受这些数在生活中的真实存在，理解它们之间的顺序、数量等关系，从而引发思考。幼儿思维启蒙的第一扇窗便由此开启。

小学阶段，在进行诸如"49+57""52-18"运算时，数感好的孩子能够通过观察特征，采用计算**策略**进行快速口算。这种技能的掌握，不是机械记忆，而是基于识"形"。根据不同数对应的**"形"**，由具象到抽象，更深刻地理解数量之间的变化关系。孩子灵活解决问题的能力，直接影响其本身的思维变通性。

鼓励孩子进行心算、观察数字模式、预测计算结果，并巧妙运用数字之间的联系，这是数感培养的方向和目标。

★ 使用说明 ★

为了更好地使用本套丛书,高效提升孩子的数感能力,家长可配合孩子参考如下方式进行系统练习。

★ 练习

用时间见证成长,每日计划练不停。

★ 记录

记录每天用时,坚持自我评价,培养自我管理能力。

★ 学习指引

家长可按需指导孩子启发式训练,孩子可按照指引自主开展针对性练习。

学习指引:
通过"一一对应"理解一样多,为比较多少奠定基础。

★ 亲子游戏

寓教于乐,互动式学习与实感计算。

★ 拼图游戏

重组所有卡片,召唤神秘惊喜。

目录

一、5以内数的具象分解和组合 1

二、10以内数的具象分解和组合 9

三、10以内数的分解和组合 29

四、亲子小游戏 47

五、拼图游戏 49

六、成长记录 52

七、答案 54

一、5以内数的具象分解和组合

具象分解

1 贴一贴，说一说。

 2可以分成几和几呢？

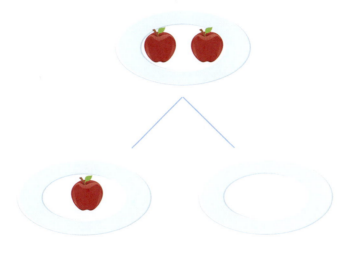

 3可以分成几和几呢？

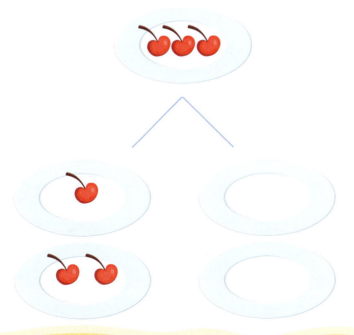

___月___日

第1天

一、5以内数的具象分解和组合

 5可以分成几和几呢？

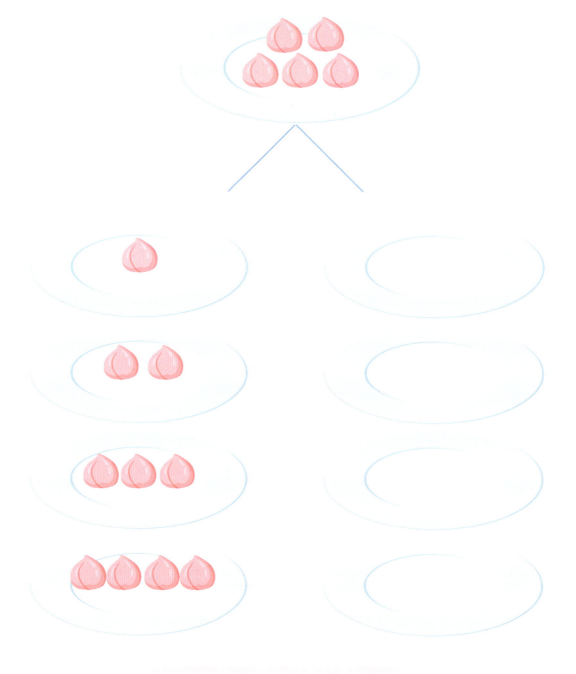

学习指引：
掌握数的分解为学习加减法奠定基础。

___月___日

一、5以内数的具象分解和组合

第1天

 4可以分成几和几呢？

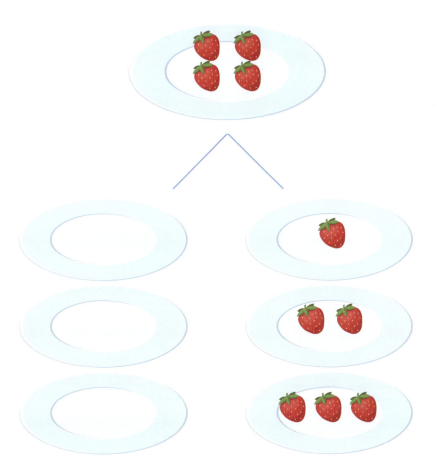

2. 数一数 ○ 的数量，并在（ ）里填上对应的数。

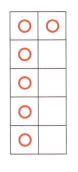

（　）　（　）　（　）　（　）　（　）　（　）

自我评价：   　　用时：_____

一、5以内数的具象分解和组合

具象组合

第2天

1. 贴一贴，说一说。

 几和几可以组成2呢？

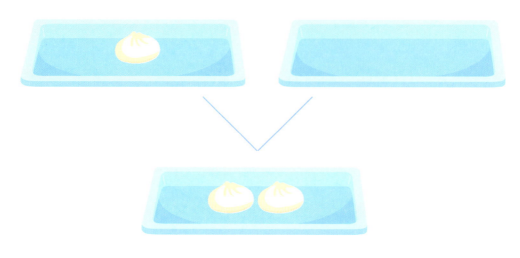

 几和几可以组成3呢？

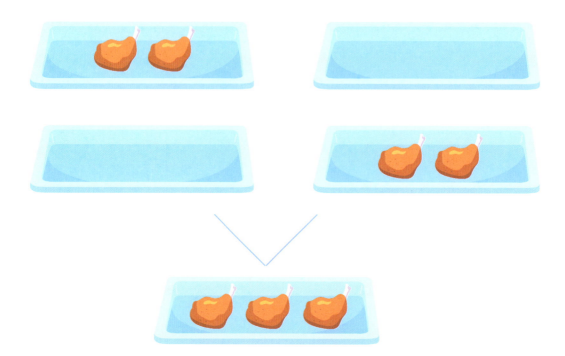

一、5以内数的具象分解和组合

第2天

几和几可以组成4呢？

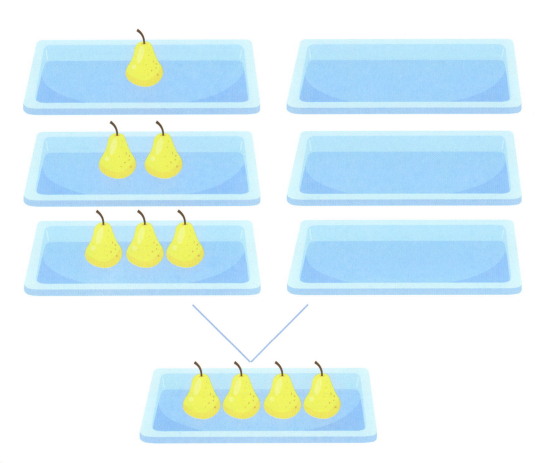

2. 数一数○的数量，并在（　）里填上对应的数。

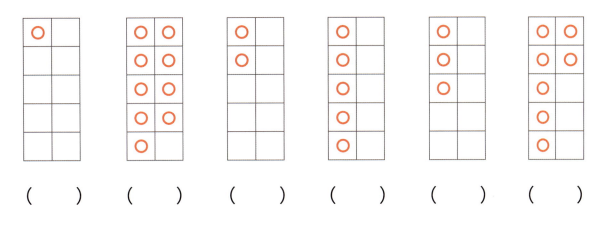

（　）　（　）　（　）　（　）　（　）　（　）

自我评价：　　用时：_____

一、5以内数的具象分解和组合

具象分解和组合

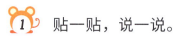贴一贴，说一说。

 2可以分成几和几呢？

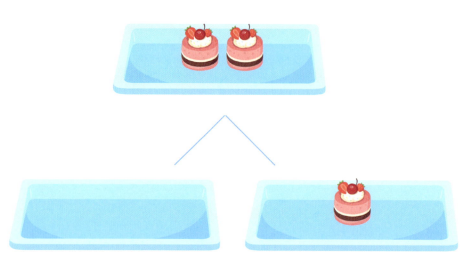

 几和几可以组成3呢？

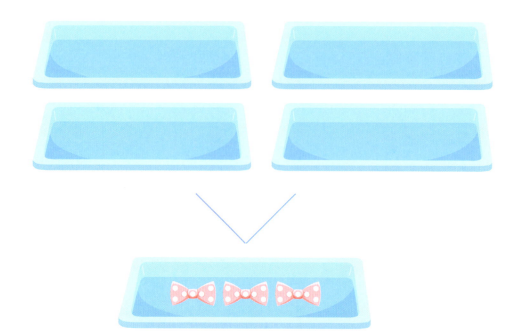

　__月__日

一、5以内数的具象分解和组合

第 3 天

 5可以分成几和几呢？

学习指引：
在分解和组合实物的过程中，让小朋友充分理解数量的分合关系。

___月___日

一、5以内数的具象分解和组合

第3天

 几和几可以组成4呢？

2 数一数○的数量，并在（　）里填上对应的数。

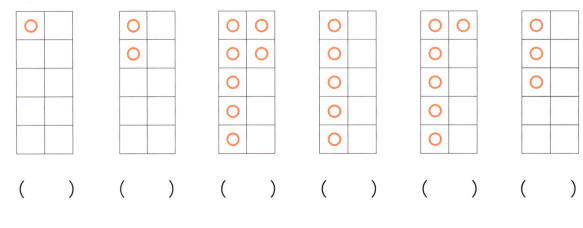

（　）　（　）　（　）　（　）　（　）　（　）

自我评价：   　　用时：_____

___月 ___日

二、10以内数的具象分解和组合

具象分解（一）

1 请你在方框里画出正确数量的 ○，然后说一说吧！

6可以分成几和几呢？

第 4 天

学习指引：
感受从整体到部分的变化过程。总量不变，可以有多种分解方法。

二、10以内数的具象分解和组合

8可以分成几和几呢？

2. 数一数 ○ 的数量，并在（　）里填上对应的数。

(　)　(　)　(　)　(　)　(　)　(　)

自我评价：　　　　　　　　　　　用时：_____

二、10以内数的具象分解和组合

具象分解（二）

1 请你在方框里画出正确数量的 ○，然后说一说吧！

7可以分成几和几呢？

第 5 天

学习指引：
数的分解可以为学习加减法奠定基础。

___月 ___日

二、10以内数的具象分解和组合

 5可以分成几和几呢？

第 5 天

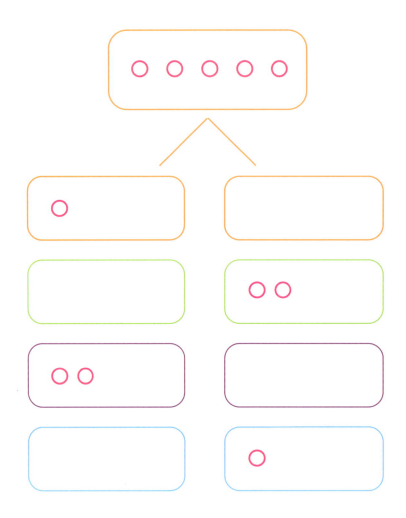

2. 数一数 ○ 的数量，并在（ ）里填上对应的数。

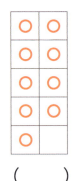 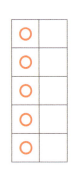 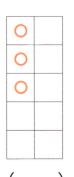 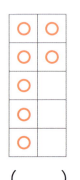 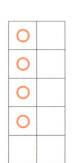 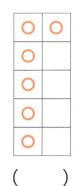

（　　）　（　　）　（　　）　（　　）　（　　）　（　　）

自我评价：   　　用时：_____

___月 ___日

二、10以内数的具象分解和组合

具象分解（三）

1 请你在方框里画出正确数量的〇，然后说一说吧！

10可以分成几和几呢？

第 6 天

___月___日

二、10以内数的具象分解和组合

第6天

 9可以分成几和几呢？

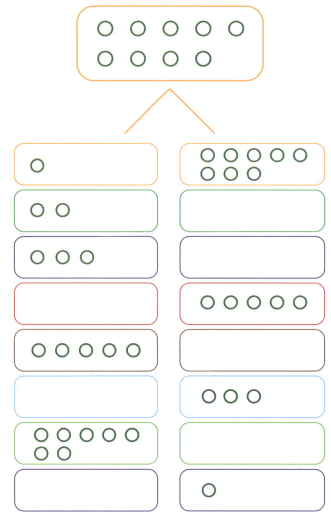

2. 请你根据（ ）里的数，在格子中画出对应数量的〇。

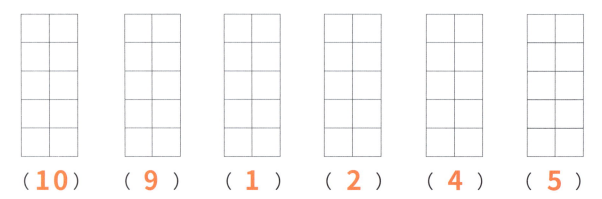

（10）　（9）　（1）　（2）　（4）　（5）

自我评价：   　　用时：_____

二、10以内数的具象分解和组合

具象组合（一）

1. 请你在方框里画出正确数量的○，然后说一说吧！

 几和几可以组成10呢？

第 7 天

二、10以内数的具象分解和组合

 几和几可以组成9呢？

第7天

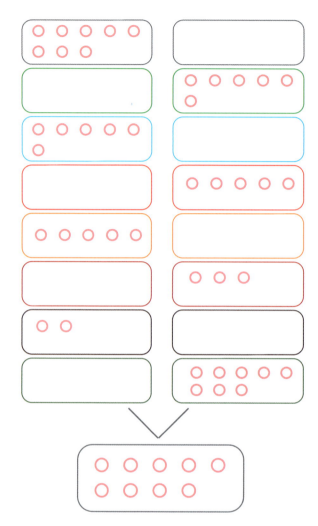

2. 请你根据（ ）里的数，在格子中画出对应数量的〇。

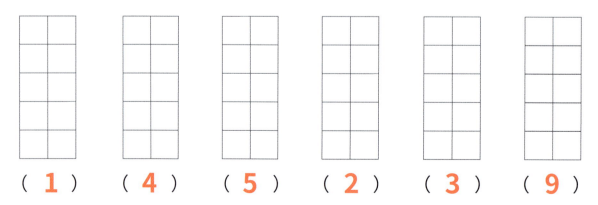

(1)　　(4)　　(5)　　(2)　　(3)　　(9)

自我评价： 用时：_____

二、10以内数的具象分解和组合

具象组合（二）

1 请你在方框里画出正确数量的〇，然后说一说吧！

 几和几可以组成8呢？

第8天

二、10以内数的具象分解和组合

第 8 天

 几和几可以组成7呢？

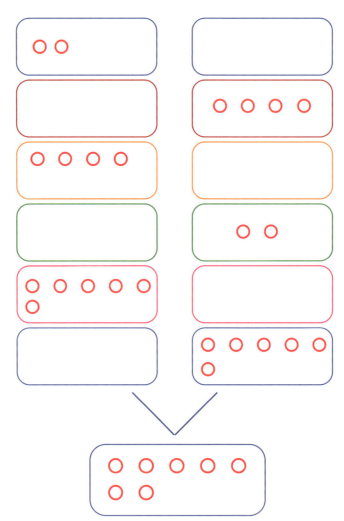

2. 请你根据（ ）里的数，在格子中画出对应数量的 ○。

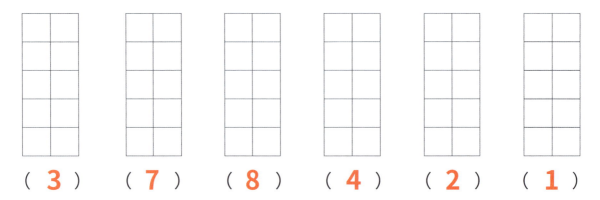

(3)　　(7)　　(8)　　(4)　　(2)　　(1)

自我评价：　　　　　　　　　　用时：_____

二、10以内数的具象分解和组合

具象分解和组合（一）

1. 请你在◯里画出正确数量的○吧！

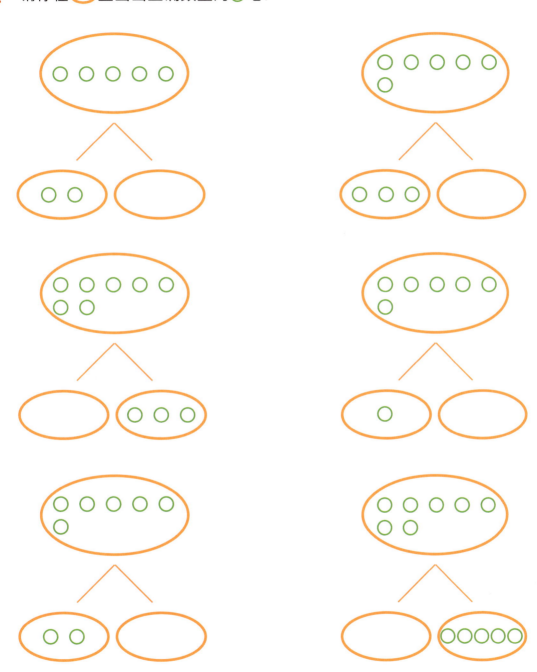

第 9 天

学习指引：
在分解和组合物品的过程中，让小朋友充分理解数量的分合关系。

二、10以内数的具象分解和组合

第 9 天

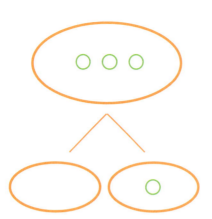
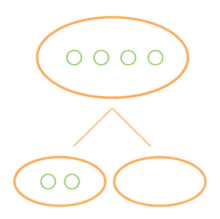

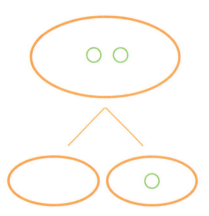
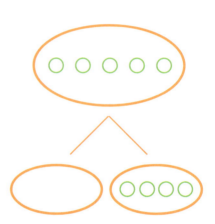

2. 请你根据（　）里的数，在格子中画出对应数量的〇。

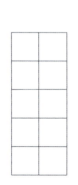
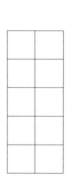
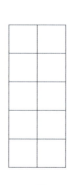

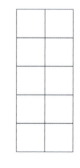

（ 8 ）　（ 7 ）　（ 1 ）　（ 4 ）　（ 2 ）　（ 3 ）

自我评价： 　　用时：_____

二、10以内数的具象分解和组合

具象分解和组合（二）

贴一贴。

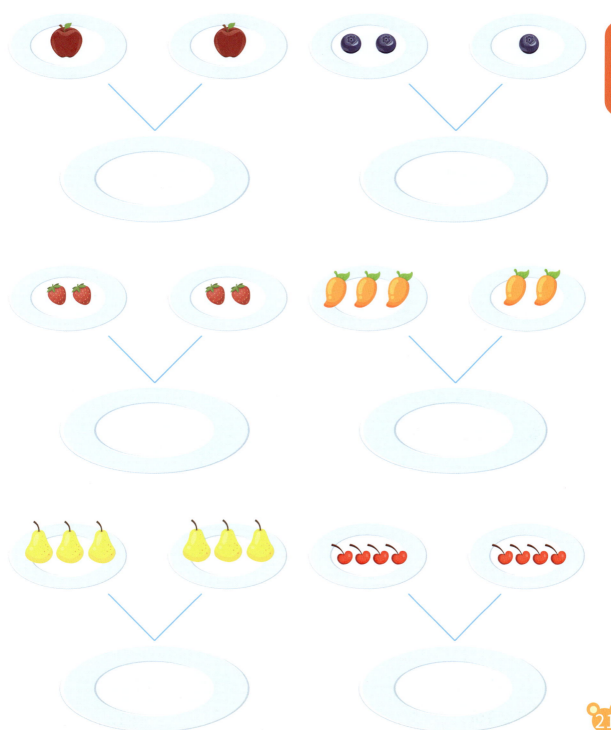

第 10 天

___月___日

二、10以内数的具象分解和组合

第10天

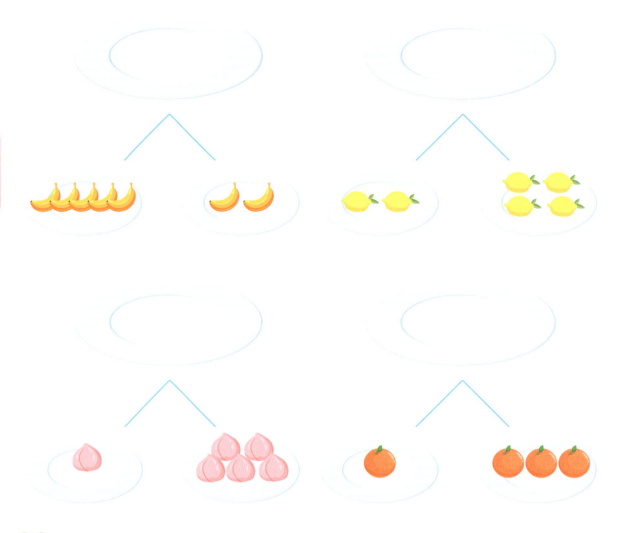

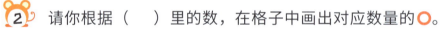
请你根据（　）里的数，在格子中画出对应数量的〇。

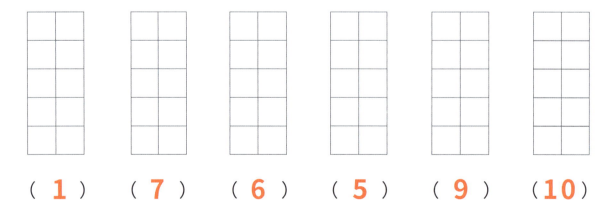

(1)　　(7)　　(6)　　(5)　　(9)　　(10)

自我评价：　　　　　　　　　　　　用时：_____

具象分解和组合（三）

 贴一贴。

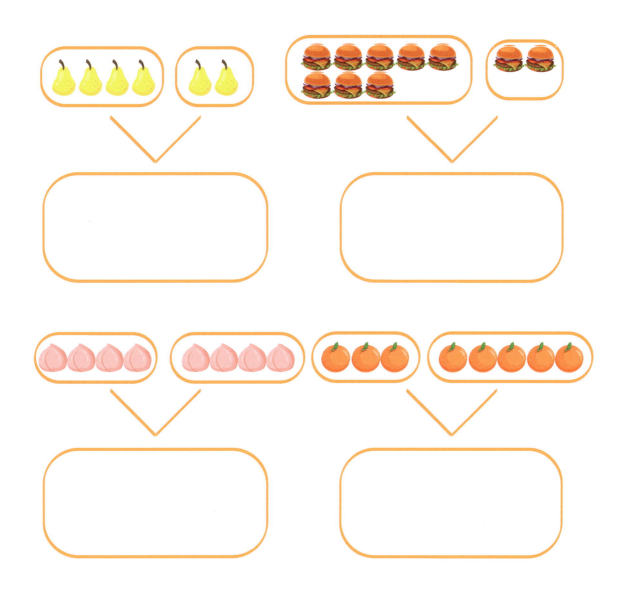

第 11 天

学习指引：
边数边贴，感受数量变化的过程。

二、10以内数的具象分解和组合

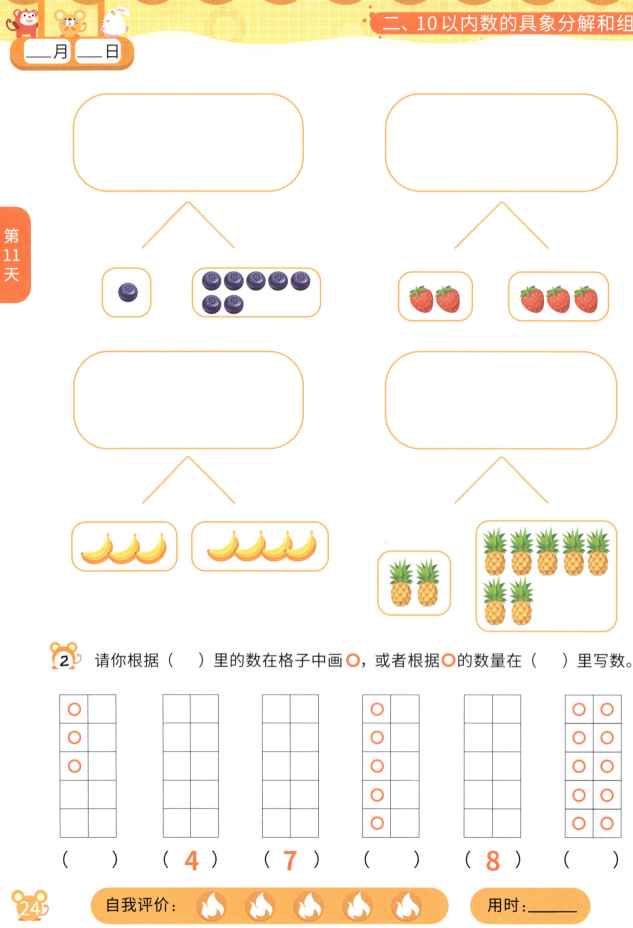

二、10以内数的具象分解和组合

具象分解和组合(四)

 贴一贴。

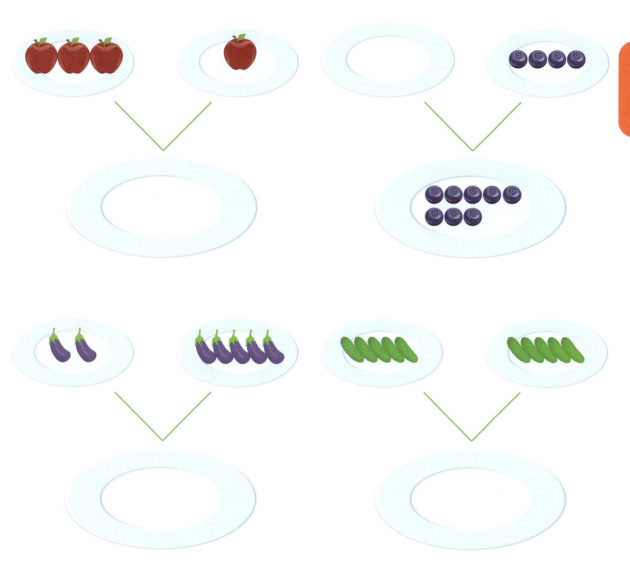

第12天

二、10以内数的具象分解和组合

第12天

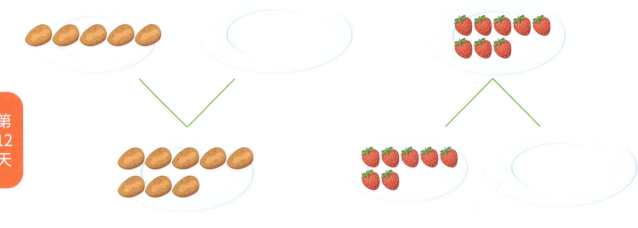

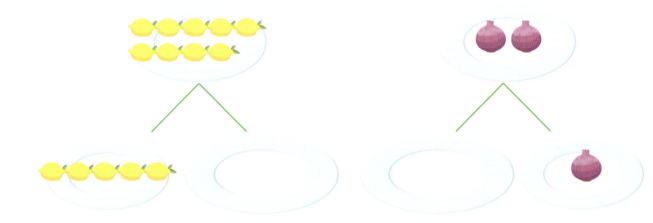

请你根据（ ）里的数在格子中画〇，或者根据〇的数量在（ ）里写数。

(4)　(　)　(　)　(8)　(　)　(9)

自我评价： 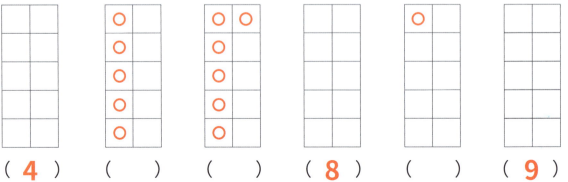　用时：_____

具象分解和组合（五）

1 请你画出正确数量的 ○ 吧！

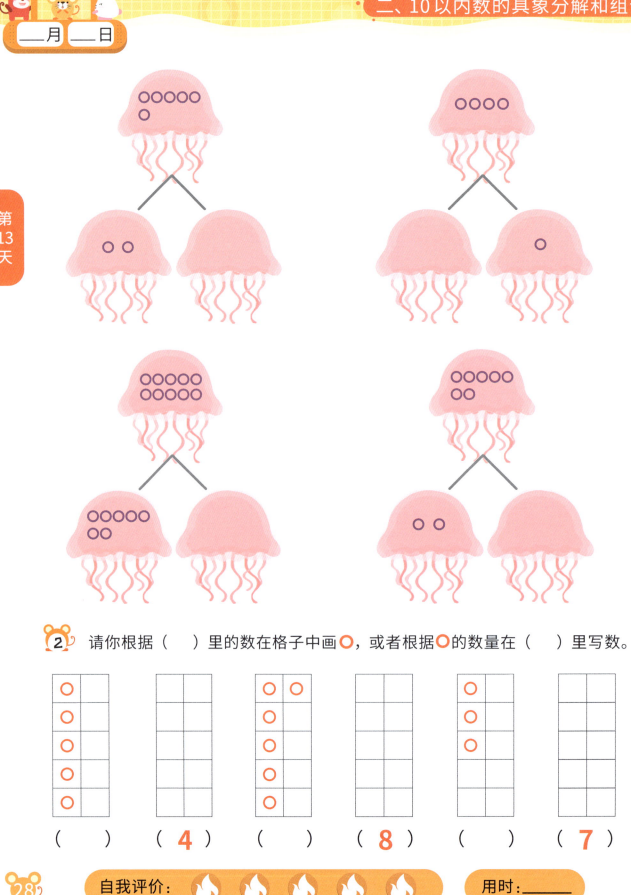

三、10以内数的分解和组合

分解（一）

1. 请你在方框里画出正确数量的○，并在（ ）里写出对应的数。

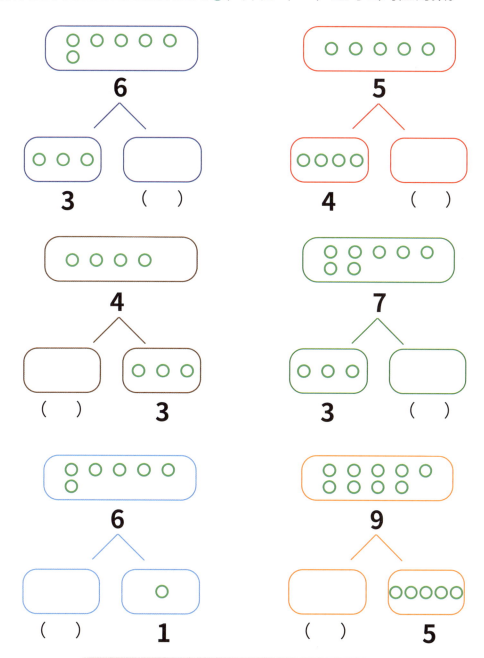

第14天

学习指引：
利用数形结合的方式，感受从整体到部分的分解过程。

三、10以内数的分解和组合

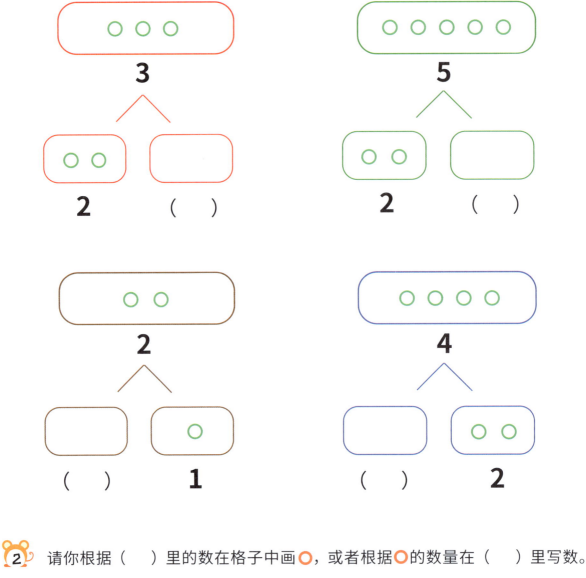

请你根据（　）里的数在格子中画〇，或者根据〇的数量在（　）里写数。

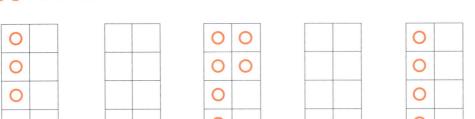 （ 5 ） （ ） （ 8 ）

分解（二）

1. 填一填。

2. 请你根据（　）里的数在格子中画〇，或者根据〇的数量在（　）里写数。

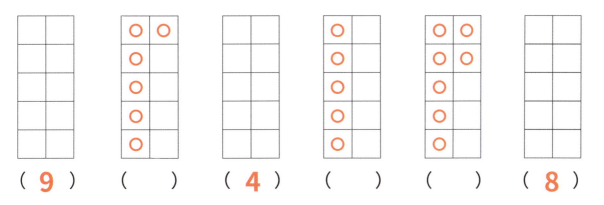

(**9**)　(　　)　(**4**)　(　　)　(　　)　(**8**)

自我评价： 用时：_____

分解 （三）

填一填。

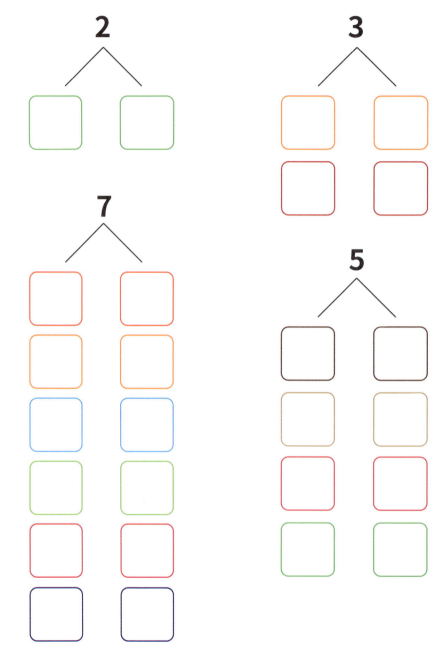

三、10以内数的分解和组合

分解（四）

 填一填。

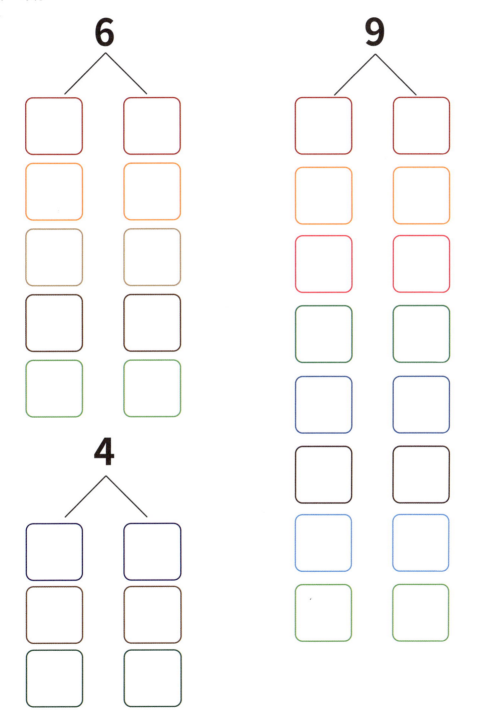

自我评价： 用时：_____

三、10以内数的分解和组合

分解（五）

 填一填。

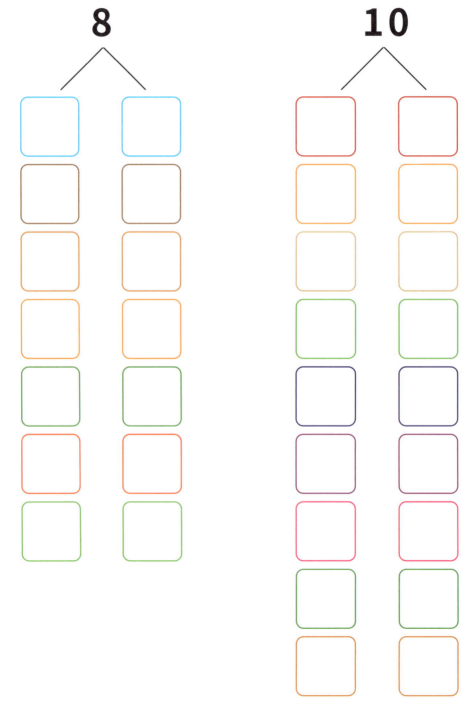

三、10以内数的分解和组合

分解（六）

填一填。

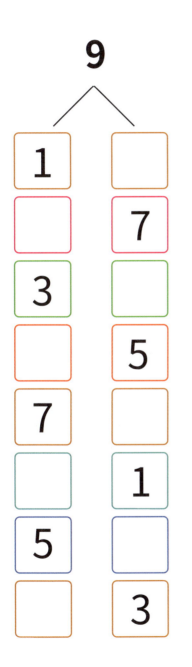

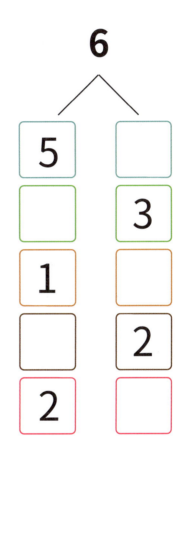

第19天

三、10以内数的分解和组合

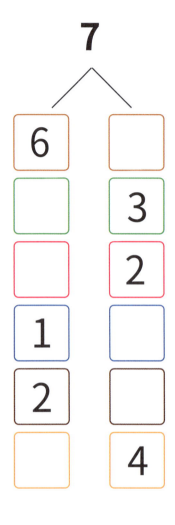
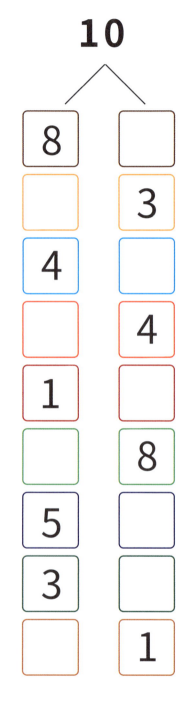

三、10以内数的分解和组合

组合（一）

请你在方框里画出正确数量的 ○，并在（　）里写出对应的数。

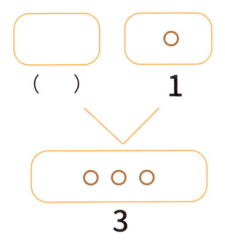

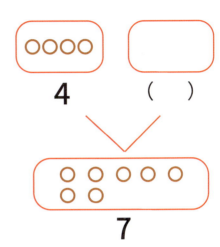

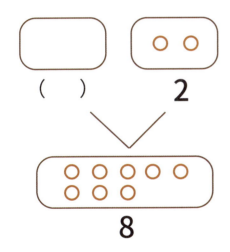

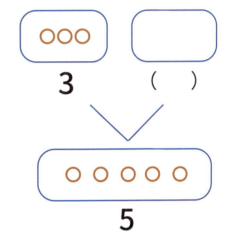

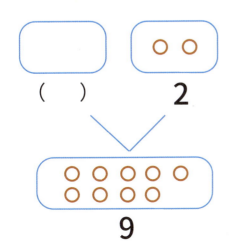

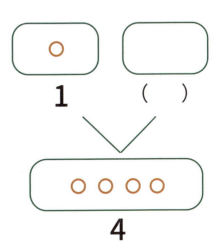

第20天

三、10以内数的分解和组合

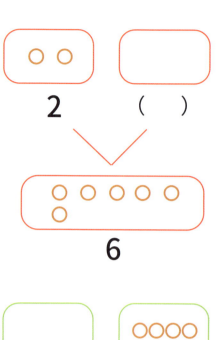

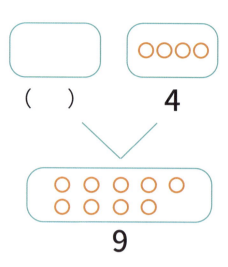

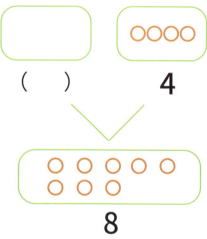

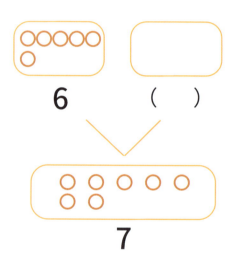

三、10以内数的分解和组合

组合（二）

 填一填。

第21天

学习指引：
理解数的分解为学习加减法奠定基础。

自我评价： 用时：_____

三、10以内数的分解和组合

综合练习（一）

 填一填。

示例：

学习指引：
感受不同形式的分解过程。

自我评价： 　　用时：_____

三、10以内数的分解和组合

综合练习（二）

填一填。

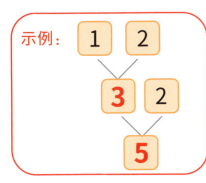 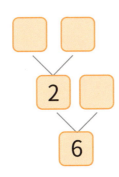 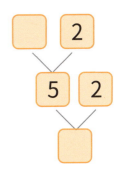

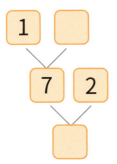 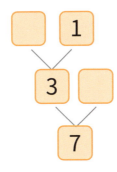 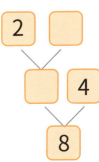

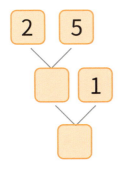 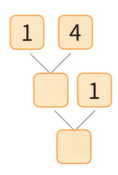 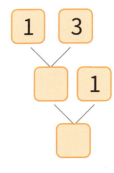

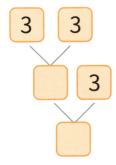

学习指引：
感受不同形式的组合过程。

第23天

自我评价：　　　　　　　　　　用时：_____

综合练习（三）

填一填。

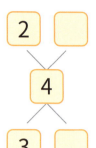
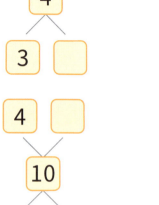
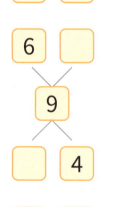
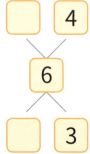
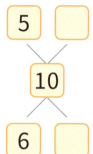
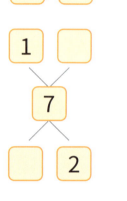
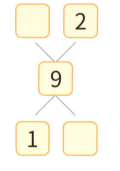
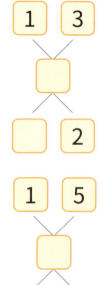
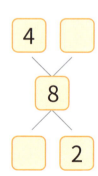

学习指引：
感受不同形式的分解和组合的过程。

综合练习（四）

填一填。

列1：
- ☐ 2 → 3 → 2 ☐
- 1 ☐ → 5 → ☐ 2
- ☐ 2 → 7 → ☐ 6
- 4 ☐ → 9 → ☐ 3

列2：
- ☐ 2 → 8 → 4 ☐
- ☐ 1 → 9 → 3 ☐
- ☐ 3 → 6 → ☐ 4

列3：
- ☐ 2 → 6 → ☐ 1
- ☐ 1 → 4 → ☐ 2
- 3 5 → ☐ → ☐ 1

三、10以内数的分解和组合

综合练习（五）

填一填。

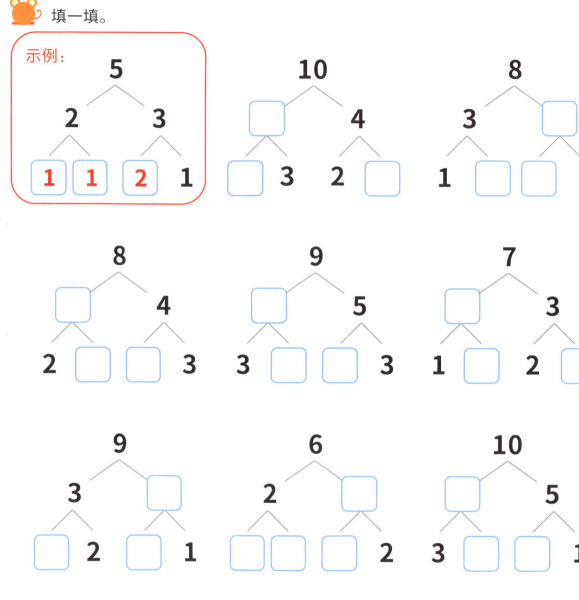

三、10以内数的分解和组合

综合练习（六）

填一填。

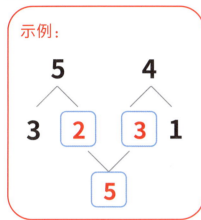
示例：

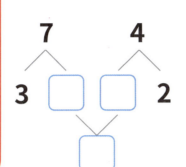
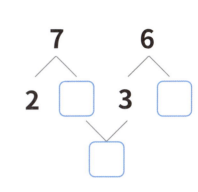
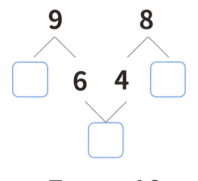
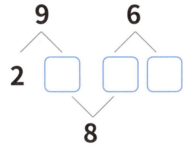
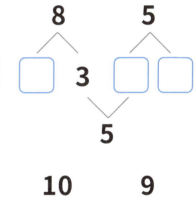
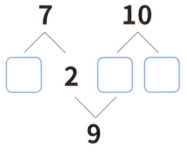
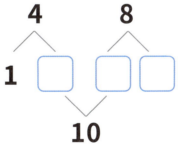
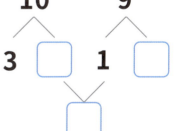

第27天

三、10以内数的分解和组合

综合练习（七）

 填一填。

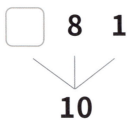

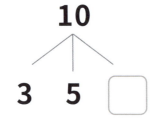

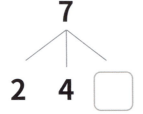

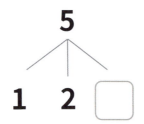

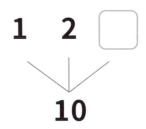

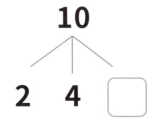

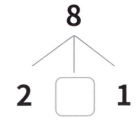

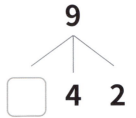

四、亲子小游戏

（一）

游戏名称

魔法口袋

游戏目的

让小朋友在游戏过程中，练习10以内数的分解。

准备材料

1个口袋（不透明） 10枚棋子（或方便计数的物品）

游戏人数

2人

游戏说明

1. 观察思考：口袋中放入10枚棋子，家长从口袋中拿出若干棋子，小朋友通过观察这几枚棋子，猜出口袋中剩余棋子的数量。
2. 语言表达：小朋友通过观察分析，推算结果并完整表达如："有10枚棋子，拿出2枚，还有8枚，10可以分成2和8。"
3. 家长和小朋友可以角色互换进行游戏。

拓展小建议：

根据小朋友对数的认知程度，棋子总数可以由少到多逐渐增加。

自我评价： 用时：_____

（二）

卡牌游戏

让小朋友在游戏过程中，练习10以内数的组合。

写有数字1~10的卡牌各2张，共20张，如：扑克牌

2人

游戏说明

1. 将20张卡牌正面朝上，无序平铺在桌面上。
2. 家长任意选择1张卡牌（除1外），例如6，提问：几和几可以组成6？
3. 小朋友选出可以组成6的2张卡牌，并回答问题，例如：2和4可以组成6。
4. 角色互换，游戏继续。

拓展小建议：

根据小朋友对数的认知程度，总数可以由小到大逐渐增加。

五、拼图游戏

剪裁卡片,开启神秘之旅!

重组卡片，召唤神秘惊喜！

六、成长记录

日期	用时	收获

六、成长记录

日期	用时	收获

七、答案

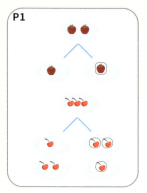
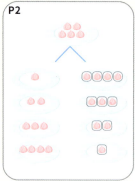
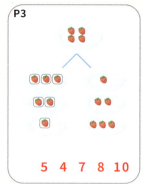
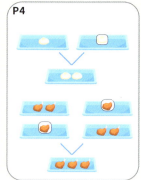

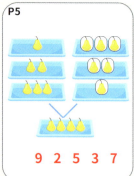
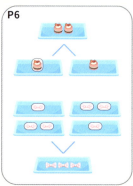
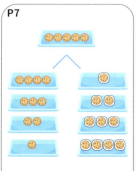
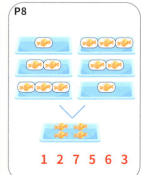

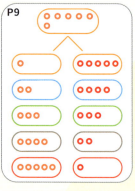
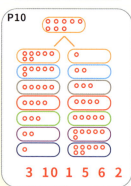
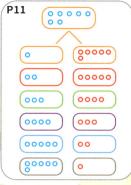
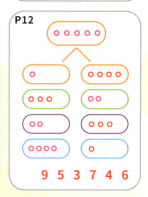

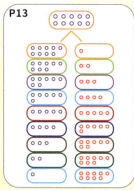
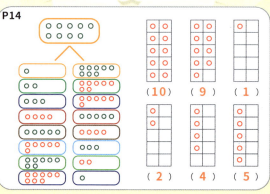
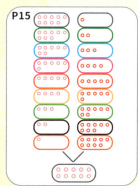

七、答案

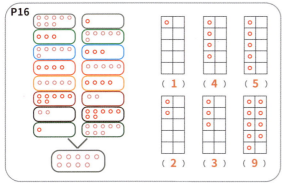
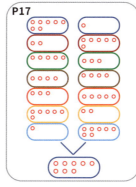
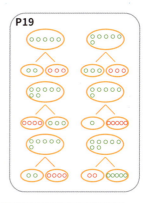
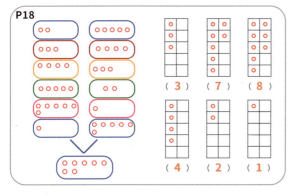
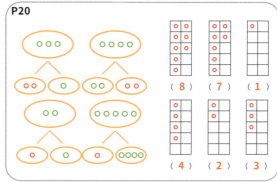
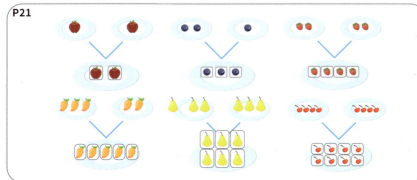

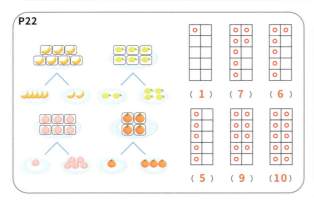
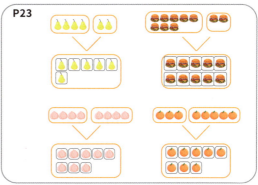

七、答案

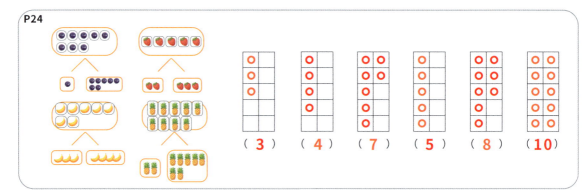

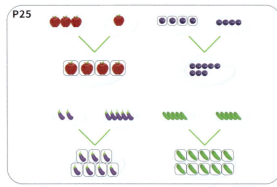

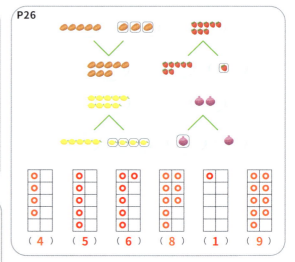

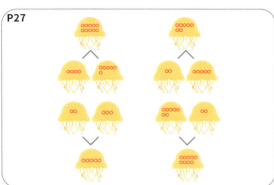

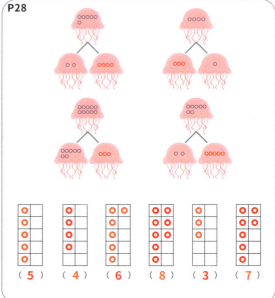

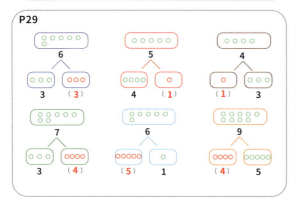

七、答案

P30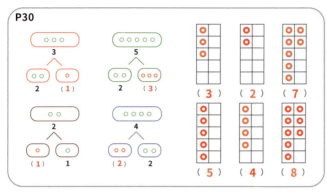

P31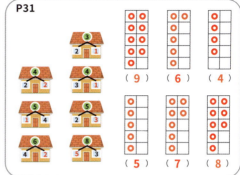

P32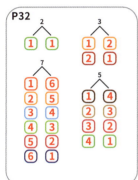

P33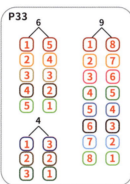

P34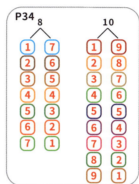

P35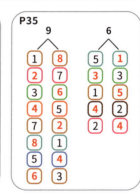

P36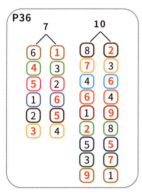

P37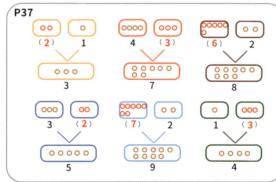

P38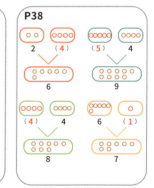

P39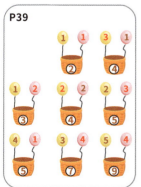

P40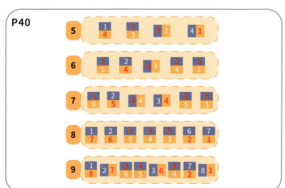

七、答案

P41
P42

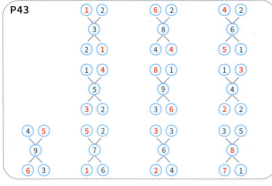
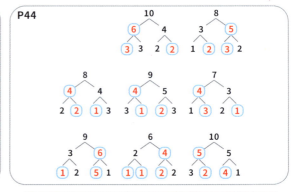

P43
P44

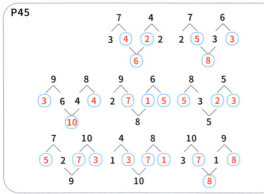
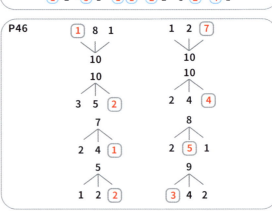

火花数感分级培养

第三级

10以内数的分合关系

火花思维研发中心 编

清华大学出版社
北京

版权所有，侵权必究。举报：010-62782989，beiqinquan@tup.tsinghua.edu.cn。

图书在版编目（CIP）数据

火花数感分级培养. 第三级：10 以内数的分合关系 / 火花思维研发中心编. — 北京：清华大学出版社，2021.1（2023.8重印）
　ISBN 978-7-302-56574-1

Ⅰ. ①火… Ⅱ. ①火… Ⅲ. ①数学课－学前教育－教学参考资料 Ⅳ. ① G613.4

中国版本图书馆 CIP 数据核字 (2020) 第 187236 号

责任编辑：张　宇
封面设计：马术明
责任校对：赵丽敏
责任印制：宋　林

出版发行：清华大学出版社
　　　　网　　址：http://www.tup.com.cn，http://www.wqbook.com
　　　　地　　址：北京清华大学学研大厦 A 座　　　　邮　　编：100084
　　　　社 总 机：010-83470000　　　　　　　　　　邮　　购：010-62786544
　　　　投稿与读者服务：010-62776969，c-service@tup.tsinghua.edu.cn
　　　　质量反馈：010-62772015，zhiliang@tup.tsinghua.edu.cn
印 装 者：小森印刷（北京）有限公司
经　　销：全国新华书店
开　　本：185mm×260mm　　　印　张：11.25　　插　页：2　　字　数：291 千字
版　　次：2021 年 1 月第 1 版　　　　　　　　　　　印　次：2023 年 8 月第 9 次印刷
定　　价：65.00 元（全三册）

产品编号：089687-02

目录

一、加法的意义 ……………………… 1

二、10以内数的加法 ……………… 5

三、减法的意义 ……………………… 14

四、10以内数的减法 ……………… 18

五、10以内数的加法和减法 …… 26

六、看图列式 ……………………… 31

七、亲子小游戏 …………………… 40

八、拼图游戏 ……………………… 47

九、成长记录 ……………………… 50

十、答案 …………………………… 52

___月___日

一、加法的意义

（一）

 你知道吗？把两个数合在一起可以用加法计算哦。

示例：

$$1 + 2 = 3$$

___1___根🥕和___2___根🥕合起来是___3___根🥕，用算式___1+2=3___表示。

 横线上应该是什么呢？请你写一写，然后大声说一说吧！

$$2 + 2 = 4$$

_____个🥕和_____个🥕合起来是_____个🥕，用算式_____表示。

学习指引：
加法表示把两部分（或多个部分）合起来。

一、加法的意义

第 1 天

 算一算。

3 + 2 = ☐   2 + 3 = ☐

2 + 4 = ☐   1 + 3 = ☐

1 + 1 = ☐   1 + 4 = ☐

4 + 1 = ☐   5 + 1 = ☐

自我评价：   用时：_____

一、加法的意义

（二）

1. 你知道吗？"多几"也可以用加法哟！

示例：

🐵 有 _2_ 个 🍎，🐰 比 🐵 多 _3_ 个 🍎，
🐰 有多少个 🍎，可以用算式 _2+3=5_ 表示，
所以 🐰 有 _5_ 个 🍎。

2. 横线上应该是什么呢？请你写一写，然后大声说一说吧！

🐵 有 ____ 个 🍔，🐰 比 🐵 多 ____ 个 🍔，
🐰 有多少个 🍔，可以用算式 _____ 表示，
所以 🐰 有 ____ 个 🍔。

一、加法的意义

第2天

___月___日

3. 说一说，填一填。

1 + 1 = ☐

3 + 1 = ☐

4. 请你在 ☐ 里填上正确的数吧！

1 + 2 = ☐   1 + 3 = ☐   3 + 5 = ☐

3 + 2 = ☐   2 + 1 = ☐   2 + 2 = ☐

3 + 4 = ☐   3 + 3 = ☐   5 + 1 = ☐

2 + 4 = ☐   4 + 4 = ☐   6 + 2 = ☐

自我评价：   用时：_____

__月__日

二、10以内数的加法

二、10以内数的加法

（一）

1 请你在 ▢ 里画出对应数量的 〇，在 ▢ 里写出正确的数吧！

示例：

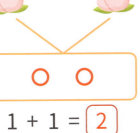

1 + 1 = 2

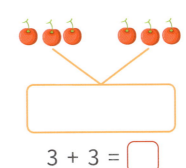

3 + 3 = ▢

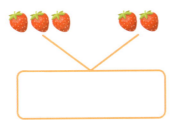

3 + 2 = ▢

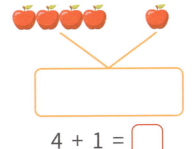

4 + 1 = ▢

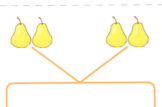

2 + 2 = ▢

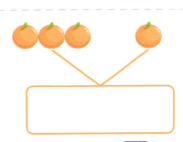

3 + 1 = ▢

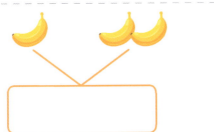

1 + 2 = ▢

学习指引：
在计数中，任何实物都可以抽象地用〇来表示。通过量的组合，感受加法算式的含义。

第 3 天

___月___日

二、10以内数的加法

第3天

 2 请你在 ☐ 里写出正确的数吧！

2   1
↓
☐

2 + 1 = ☐

2   3
↓
☐

2 + 3 = ☐

1   4
↓
☐

1 + 4 = ☐

1   3
↓
☐

1 + 3 = ☐

4   2
↓
☐

☐ + ☐ = ☐

3   4
↓
☐

☐ + ☐ = ☐

自我评价：   用时：_____

___月___日

二、10以内数的加法

（二）

 填一填。

第 4 天

2 + 2 =
2 + 1 =
1 + 5 =

6 + 2 =
7 + 1 =
9 + 1 =

2 + 5 =
4 + 3 =
3 + 3 =

3 + 1 =
8 + 1 =
3 + 2 =

自我评价: 用时：_____

二、10以内数的加法

（三）

填一填。

$2+4=\square$ $3+3=\square$ $4+1=\square$

$5+4=\square$ $5+5=\square$ $1+3=\square$

$3+5=\square$ $6+2=\square$ $7+1=\square$

$4+2=\square$ $3+2=\square$ $1+4=\square$

$3+4=\square$ $1+5=\square$ $4+6=\square$

$8+2=\square$ $4+5=\square$ $9+1=\square$

自我评价： 用时：_____

___月___日

二、10以内数的加法

（四）

第 6 天

🐰 数一数，填一填。

示例：

5 + 4 = 9

＿ + ＿ = ＿

＿ + ＿ = ＿

＿ + ＿ = ＿

＿ + ＿ = ＿

＿ + ＿ = ＿

＿ + ＿ = ＿

＿ + ＿ = ＿

＿ + ＿ = ＿

＿ + ＿ = ＿

＿ + ＿ = ＿

＿ + ＿ = ＿

学习指引：
在量的基础上能够独立列出算式，进一步感受加法算式的含义。

自我评价：   用时：＿＿＿＿

（五）

 数一数，填一填。

示例：

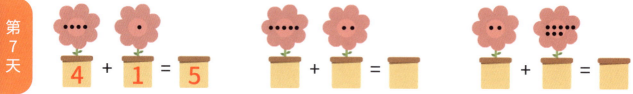

$4 + 1 = 5$

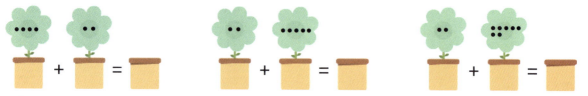

__月__日

二、10以内数的加法

（六）

 填一填。

$5 + \begin{array}{|c|}\hline 1\\\hline 2\\\hline 3\\\hline 4\\\hline\end{array} = \begin{array}{|c|}\hline\\\hline\\\hline\\\hline\\\hline\end{array}$
$\qquad$
$6 + \begin{array}{|c|}\hline 4\\\hline 2\\\hline 1\\\hline 3\\\hline\end{array} = \begin{array}{|c|}\hline\\\hline\\\hline\\\hline\\\hline\end{array}$

$1 + \begin{array}{|c|}\hline 9\\\hline 7\\\hline 6\\\hline 4\\\hline\end{array} = \begin{array}{|c|}\hline\\\hline\\\hline\\\hline\\\hline\end{array}$
$\qquad$
$2 + \begin{array}{|c|}\hline 4\\\hline 6\\\hline 7\\\hline 5\\\hline\end{array} = \begin{array}{|c|}\hline\\\hline\\\hline\\\hline\\\hline\end{array}$

$3 + \begin{array}{|c|}\hline 3\\\hline 7\\\hline 4\\\hline 6\\\hline\end{array} = \begin{array}{|c|}\hline\\\hline\\\hline\\\hline\\\hline\end{array}$
$\qquad$
$4 + \begin{array}{|c|}\hline 4\\\hline 5\\\hline 3\\\hline 6\\\hline\end{array} = \begin{array}{|c|}\hline\\\hline\\\hline\\\hline\\\hline\end{array}$

第 8 天

自我评价：   用时：_____

二、10以内数的加法

（七）

 填一填。

1 + 1 = 　　　　2 + 1 =

1 + 2 = 　　　　2 + 2 =

1 + 3 = 　　　　2 + 3 =

1 + 4 = 　　　　2 + 4 =

1 + 5 = 　　　　2 + 5 =

1 + 6 = 　　　　2 + 6 =

1 + 7 = 　　　　2 + 7 =

1 + 8 = 　　　　2 + 8 =

1 + 9 = 　　　　3 + 1 =

自我评价：   　　用时：_____

___月___日

二、10以内数的加法

（八）

 填一填。

5 + 1 = ☐   2 + 8 = ☐

3 + 4 = ☐   3 + 6 = ☐

6 + 3 = ☐   9 + 1 = ☐

7 + 1 = ☐   3 + 7 = ☐

5 + 4 = ☐   5 + 2 = ☐

5 + 5 = ☐   4 + 3 = ☐

4 + 6 = ☐   6 + 2 = ☐

2 + 3 = ☐   2 + 5 = ☐

4 + 2 = ☐   7 + 2 = ☐

1 + 7 = ☐   8 + 1 = ☐

第 10 天

自我评价：   用时：_____

三、减法的意义

（一）

 你知道吗？从一个数里减去一个数就是减法。

示例：

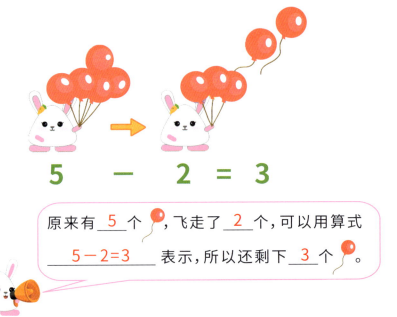

5 － 2 ＝ 3

原来有 _5_ 个🎈，飞走了 _2_ 个，可以用算式 _5－2=3_ 表示，所以还剩下 _3_ 个🎈。

② 横线上应该是什么呢？请你写一写，然后大声说一说吧！

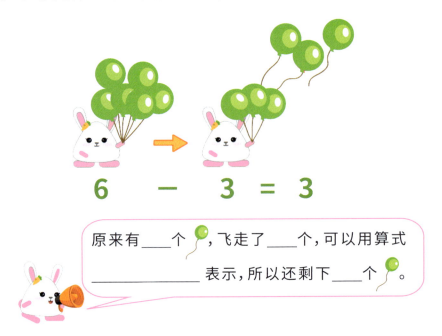

6 － 3 ＝ 3

原来有 ___ 个🎈，飞走了 ___ 个，可以用算式 _____ 表示，所以还剩下 ___ 个🎈。

___月___日

三、减法的意义

 3 请你在 ☐ 里填上正确的数吧!

$$4$$
$$2 \quad \square$$
$$4 - 2 = \square$$

$$5$$
$$1 \quad \square$$
$$5 - 1 = \square$$

$$6$$
$$2 \quad \square$$
$$6 - 2 = \square$$

$$8$$
$$2 \quad \square$$
$$8 - 2 = \square$$

$$4$$
$$3 \quad \square$$
$$4 - 3 = \square$$

$$5$$
$$4 \quad \square$$
$$5 - 4 = \square$$

自我评价: 用时:_____

___月___日

三、减法的意义

（二）

1 你知道吗？"少几"也可以是减法哟！

示例：

5 − 3 = 2

🐵有 <u>5</u> 个🍎，🐰比🐵少 <u>3</u> 个🍎，🐰有几个🍎，用算式 <u>5−3=2</u> 表示，所以🐰有 <u>2</u> 个🍎。

2 横线上应该是什么呢？请你写一写，然后大声说一说吧！

6 − 3 = 3

🐭有____块🍰，🐰比🐭少____块🍰，🐰有几块🍰，用算式_____表示，所以🐰有____块🍰。

___月___日

三、减法的意义

 填一填。

2 − 1 = ☐   5 − 2 = ☐

3 − 1 = ☐   8 − 4 = ☐

3 − 2 = ☐   5 − 4 = ☐

4 − 1 = ☐   4 − 2 = ☐

6 − 2 = ☐   5 − 1 = ☐

4 − 3 = ☐   10 − 9 = ☐

8 − 3 = ☐   7 − 3 = ☐

第 12 天

自我评价：   用时：_____

四、10以内数的减法

（一）

1 请你在 ▢ 里画出正确数量的 ○，在 ▢ 里写出正确的数吧！

示例：

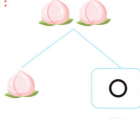

2 − 1 = 1

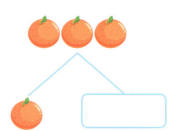

3 − 1 = ▢

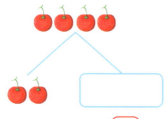

4 − 2 = ▢

6 − 3 = ▢

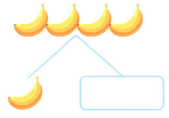

4 − 1 = ▢

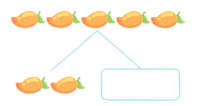

5 − 2 = ▢

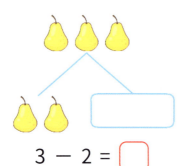

3 − 2 = ▢

学习指引：
在计数中，任何实物都可以抽象地用 ○ 来表示。通过量的分解，感受减法算式的含义。

___月___日

四、10以内数的减法

 2. 请你在 ☐ 里写出正确的数吧！

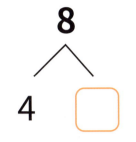

8 − 4 = ☐

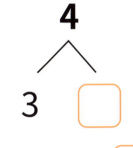

5 − 3 = ☐

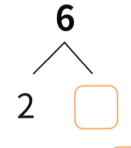

6 − 2 = ☐

4 − 3 = ☐

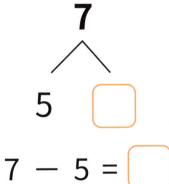

7 − 5 = ☐

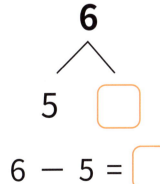

6 − 5 = ☐

第 13 天

自我评价：   用时：_____

四、10以内数的减法

（二）

填一填。

示例：

4 − 2 = 2   5 − 2 =   4 − 4 =

4 − 3 =   4 − 1 =   5 − 1 =

3 − 1 =   3 − 2 =   5 − 4 =

5 − 3 =   6 − 2 =   7 − 1 =

6 − 3 =   6 − 5 =

___月___日

四、10以内数的减法

（三）

 填一填。

示例：

5 － 3 = 2　　　7 － 4 = ☐　　　8 － 3 = ☐

9 － 6 = ☐　　　9 － 5 = ☐　　　4 － 2 = ☐

第15天

7 － 3 = ☐　　　6 － 4 = ☐　　　8 － 2 = ☐

5 － 1 = ☐　　　7 － 2 = ☐　　　8 － 4 = ☐

自我评价： 　　用时：_____

四、10以内数的减法

（四）

 画一画，填一填。

$7-6=\square$　　$9-4=\square$　　$8-5=\square$

$3-2=\square$　　$6-5=\square$　　$7-7=\square$

$9-5=\square$　　$8-4=\square$　　$7-5=\square$

$5-4=\square$　　$9-3=\square$　　$8-1=\square$

（五）

 画一画，填一填。

7 − 1 = ☐   9 − 5 = ☐   8 − 4 = ☐

3 − 1 = ☐   6 − 4 = ☐   7 − 6 = ☐

8 − 3 = ☐   9 − 4 = ☐   7 − 3 = ☐

9 − 3 = ☐   6 − 3 = ☐   8 − 2 = ☐

第 17 天

四、10以内数的减法

（六）

 填一填。

10 − 1 = ☐	10 − 2 = ☐
9 − 1 = ☐	9 − 2 = ☐
8 − 1 = ☐	8 − 2 = ☐
7 − 1 = ☐	7 − 2 = ☐
6 − 1 = ☐	6 − 2 = ☐
5 − 1 = ☐	5 − 2 = ☐
4 − 1 = ☐	4 − 2 = ☐
3 − 1 = ☐	3 − 2 = ☐
2 − 1 = ☐	2 − 2 = ☐

自我评价：   用时：_____

四、10以内数的减法

（七）

算一算。

10 − 3 =
8 − 4 =
6 − 5 =
7 − 6 =
9 − 5 =
6 − 3 =
7 − 1 =
8 − 3 =
6 − 4 =
8 − 5 =

7 − 4 =
5 − 2 =
10 − 6 =
10 − 9 =
7 − 3 =
10 − 4 =
8 − 1 =
9 − 8 =
10 − 5 =
9 − 4 =

第19天

自我评价：   　　用时：_____

___月___日

五、10以内数的加法和减法

（一）

 填一填。

2 + 8 = ☐	5 + 3 = ☐	7 − 4 = ☐
7 − 3 = ☐	7 + 2 = ☐	9 − 1 = ☐
4 + 2 = ☐	4 − 3 = ☐	3 + 6 = ☐
10 − 3 = ☐	5 + 4 = ☐	4 − 1 = ☐
6 + 2 = ☐	4 − 4 = ☐	7 − 6 = ☐
3 − 2 = ☐	8 + 1 = ☐	2 + 1 = ☐
8 + 2 = ☐	10 − 9 = ☐	2 + 5 = ☐
10 − 2 = ☐	5 + 2 = ☐	4 + 3 = ☐
4 + 4 = ☐	8 − 4 = ☐	4 + 5 = ☐
9 − 2 = ☐	6 + 3 = ☐	8 − 5 = ☐

学习指引：
练习中既有加法算式，又有减法算式，需要小朋友仔细审题，理解算式的不同意义。

自我评价：   　　用时：_____

五、10以内数的加法和减法

（二）

 算一算。

3 + 5 =　　　3 + 3 =　　　7 − 5 =

9 − 2 =　　　2 + 6 =　　　4 − 3 =

7 + 1 =　　　4 − 2 =　　　7 + 2 =

10 − 4 =　　　5 + 2 =　　　9 − 5 =

3 + 6 =　　　9 − 3 =　　　9 − 4 =

7 − 4 =　　　8 + 1 =　　　3 + 2 =

1 + 2 =　　　10 − 5 =　　　5 + 5 =

7 − 3 =　　　7 + 3 =　　　4 + 3 =

4 + 5 =　　　5 − 5 =　　　3 + 4 =

9 − 6 =　　　3 + 1 =　　　6 − 5 =

第21天

自我评价：   　　用时：_____

（三）

 算一算。

5 + 5 =	6 − 3 =	8 − 5 =
9 − 5 =	4 + 1 =	9 − 1 =
3 + 4 =	2 + 7 =	7 + 1 =
9 − 4 =	4 − 3 =	7 − 4 =
3 + 2 =	3 + 5 =	8 + 1 =
6 − 4 =	4 + 6 =	9 − 3 =
5 + 2 =	8 − 7 =	1 + 1 =
9 − 2 =	2 + 6 =	6 − 1 =
3 + 6 =	2 − 1 =	1 + 2 =
4 + 4 =	8 − 2 =	3 + 3 =

__月__日

五、10以内数的加法和减法

（四）

 算一算。

6 + 2 = 2 + 5 = 3 − 1 =

9 + 1 = 8 + 2 = 7 − 3 =

8 − 1 = 1 + 6 = 9 − 8 =

8 − 6 = 7 + 3 = 5 − 2 =

1 + 3 = 1 + 4 = 5 + 1 =

6 − 5 = 7 − 1 = 6 + 3 =

5 + 4 = 5 + 3 = 3 + 7 =

5 − 4 = 5 − 3 = 8 − 4 =

9 − 2 = 7 − 2 = 2 + 8 =

6 − 2 = 1 + 2 = 2 + 3 =

第 23 天

自我评价：   用时：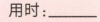

五、10以内数的加法和减法

（五）

 算一算。

7 − 6 = ☐   2 + 8 = ☐   2 + 3 = ☐

2 + 4 = ☐   7 + 2 = ☐   7 − 4 = ☐

5 + 5 = ☐   7 − 5 = ☐   3 + 5 = ☐

5 − 3 = ☐   9 − 7 = ☐   5 − 2 = ☐

7 + 3 = ☐   8 − 4 = ☐   8 + 1 = ☐

8 − 7 = ☐   3 + 1 = ☐   8 − 5 = ☐

1 + 4 = ☐   4 − 3 = ☐   4 + 2 = ☐

3 + 6 = ☐   10 − 5 = ☐   9 − 4 = ☐

9 + 1 = ☐   5 − 1 = ☐   4 + 6 = ☐

5 − 4 = ☐   3 + 3 = ☐   9 − 5 = ☐

六、看图列式

（一）

看图列式。

示例：

2 + 3 = 5

☐ + ☐ = ☐

☐ + ☐ = ☐

☐ + ☐ = ☐

☐ + ☐ = ☐

☐ + ☐ = ☐

☐ + ☐ = ☐

☐ + ☐ = ☐

（二）

看图列式。

示例：

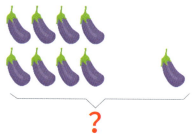

$8 + 1 = 9$

□ ○ □ = □

□ ○ □ = □

□ ○ □ = □

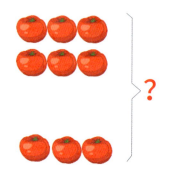

□ ○ □ = □

□ ○ □ = □

六、看图列式

（三）

看图列式。

示例：

5 − 2 = 3

□ ○ □ = □

□ ○ □ = □

□ ○ □ = □

□ ○ □ = □

□ ○ □ = □

□ ○ □ = □

□ ○ □ = □

自我评价： 用时：_____

第27天

六、看图列式

（四）

 看图列式。

示例：

9　　　　　　　　　8

9 − 3 = 6　　　　☐ ○ ☐ = ☐

8　　　　　　　　　10

☐ ○ ☐ = ☐　　　　☐ ○ ☐ = ☐

7　　　　　　　　　10

☐ ○ ☐ = ☐　　　　☐ ○ ☐ = ☐

学习指引：
看图列式，在理解图片信息的基础上，分析数量之间的关系，然后列式计算，为学习应用题奠定基础。

自我评价：　　　　　　　　　用时：_____

六、看图列式

（五）

 看图列式。

$\Box + \Box = \Box$

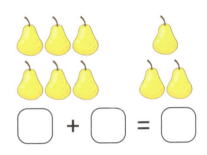

$\Box + \Box = \Box$

$\Box + \Box = \Box$

$\Box + \Box = \Box$

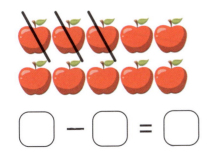

$\Box - \Box = \Box$

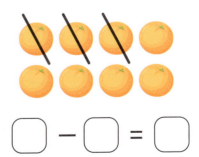

$\Box - \Box = \Box$

$\Box - \Box = \Box$

$\Box - \Box = \Box$

自我评价： 用时：_____

（六）

看图列式。

□ + □ = □

□ + □ = □

□ + □ = □

□ + □ = □

6

□ − □ = □

8

□ − □ = □

5

□ − □ = □

4

□ − □ = □

用时：_____

六、看图列式

（七）

 看图列式。

示例：

4 + 3 = 7   ☐ + ☐ = ☐
3 + 4 = 7   ☐ + ☐ = ☐
7 − 4 = 3   ☐ − ☐ = ☐
7 − 3 = 4   ☐ − ☐ = ☐

☐ + ☐ = ☐   ☐ + ☐ = ☐
☐ + ☐ = ☐   ☐ + ☐ = ☐
☐ − ☐ = ☐   ☐ − ☐ = ☐
☐ − ☐ = ☐   ☐ − ☐ = ☐

自我评价：   用时：_____

第 31 天

看图列式。

（八）

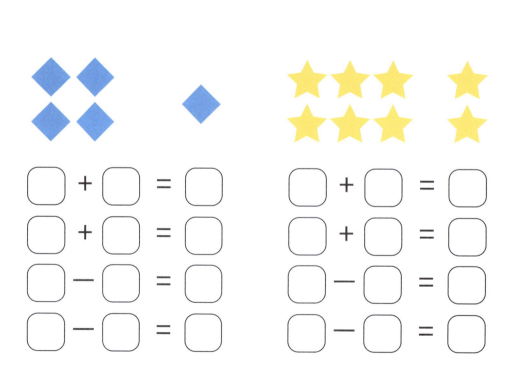

（九）

 看图列式。

□○□=□   □○□=□
□○□=□   □○□=□
□○□=□   □○□=□
□○□=□   □○□=□

□○□=□   □○□=□
□○□=□   □○□=□
□○□=□   □○□=□
□○□=□   □○□=□

___月___日

七、亲子小游戏

（一）

加加乐

通过动手操作，观察思考，让小朋友在实践中理解加法的意义，能够独立完成10以内数的加法计算。

配套加法操作卡、10个小物品。

2人

游戏说明

1. 将加法操作卡沿剪裁线取下，作为底板。
2. 玩家1出题，玩家2在加法操作卡中摆放对应数量的物品，进行加法实操练习。
（题目可以参考小题库中的算式，也可自编）
3. 示例演示：

$$5 + 4 =$$

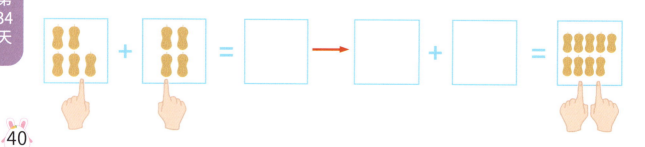

___月___日

七、亲子小游戏

　　根据算式中的数,在"+"两侧的□中分别放入5个和4个花生,思考观察,"加"是什么意思呢?就是把这两部分合起来。然后动手操作,把两部分花生合成一堆,放在"="后面,表示结果。

4. 多次练习,加深对加法含义的理解,并能独立计算。

参考小题库

1+4=　　　3+6=　　　5+2=　　　7+3=

2+3=　　　1+2=　　　3+3=　　　3+1=

3+7=　　　5+4=　　　6+1=　　　2+5=

8+1=　　　8+2=　　　3+5=　　　1+7=

注意:孩子在使用小物品的过程中要注意安全,切勿吞咽。

自我评价: 　　用时:_____

___月___日

七、亲子小游戏

（二）

变少了吗？

通过动手操作，观察思考，让小朋友在实践中理解减法的意义，能够独立完成10以内数的减法计算。

配套减法操作卡、10个小物品。

2人

游戏说明

1. 将减法操作卡沿剪裁线取下，作为底板。
2. 玩家1出题，玩家2在减法操作卡中摆放对应数量的物品，进行减法实操练习。
（题目可以参考小题库中的算式，也可自编）
3. 示例演示：

第一步：

$4 - 1 =$

___月___日

七、亲子小游戏

第二步：

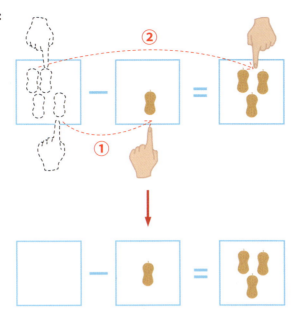

　　根据算式中的数，在"−"前面的□中放入4个花生，代表总数。思考观察，"减"是什么意思呢？就是从总数中拿走一部分。然后动手操作，从总数中拿出1个花生放在"−"后面的□。此时思考，总数变化了吗？变了，减少了！最后把剩余的3个花生放在"="后面，表示结果。

4. 多次练习，加深对减法含义的理解，并能独立计算。

参考小题库

5 − 2=　　　4 − 3=　　　6 − 4=　　　10 − 7=

6 − 5=　　　8 − 7=　　　9 − 8=　　　8 − 5=

10 − 4=　　9 − 4=　　　10 − 8=　　4 − 2=

9 − 6=　　　5 − 4=　　　5 − 3=　　　2 − 1=

注意：孩子在使用小物品的过程中要注意安全，切勿吞咽。

自我评价：   　　用时：

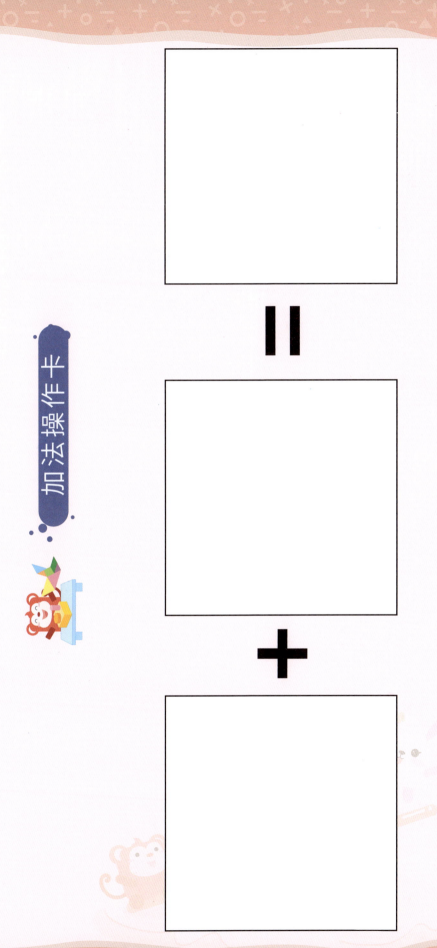

减法操作卡

□ = □ − □

八、拼图游戏

剪裁卡片,开启神秘之旅!

重组卡片，召唤神秘惊喜！

九、成长记录

日期	用时	收获

九、成长记录

日期	用时	收获

十、答案

P1 2 2
4   2 + 2 = 4

P2 5 5
6 4
2 5
5 6

P3 1 4
1 + 4 = 5
5

P4 2 4
3 4 8
5 3 4
7 6 6
6 8 8

P5

3 + 2 = ⑤   3 + 3 = ⑥

2 + 2 = ④   4 + 1 = ⑤

1 + 2 = ③   3 + 1 = ④

P6 3,3 5,5
5,5 4,4
6,4 + 2 = 6   7,3 + 4 = 7

P7 4 3 6
8 8 10
7 7 6
4 9 5

P8 6 6 5
9 10 4
8 8 8
6 5 5
7 6 10
10 9 10

P9 2 + 6 = 8   7 + 3 = 10
6 + 3 = 9   5 + 5 = 10   2 + 7 = 9
8 + 2 = 10   6 + 4 = 10   6 + 1 = 7
5 + 2 = 7   2 + 2 = 4   4 + 3 = 7

P10 4 + 1 = 5   5 + 2 = 7   2 + 8 = 10
4 + 2 = 6   2 + 5 = 7   2 + 7 = 9
3 + 4 = 7   5 + 3 = 8   3 + 7 = 10
5 + 5 = 10   2 + 2 = 4   6 + 4 = 10

P11
5 + (1,2,3,4) = (6,7,8,9)
6 + (4,2,1,3) = (10,8,7,9)
1 + (9,7,6,4) = (10,8,7,5)
2 + (4,6,7,5) = (6,8,9,7)
3 + (3,7,4,6) = (6,10,7,9)
4 + (4,5,3,6) = (8,9,7,10)

P12 2 3
3 4
4 5
5 6
6 7
7 8
8 9
9 10
10 4

P13 6 10
7 9
9 10
8 10
9 7
10 7
10 8
5 7
6 9
8 9

P14 6 3
6 − 3 = 3   3

P15 2,2 4,4
4,4 6,6
1,1 1,1

P16 6 3
6 − 3 = 3
3

十、答案

P17

1　3
2　4
1　1
3　2
4　4
1　1
5　4

P18

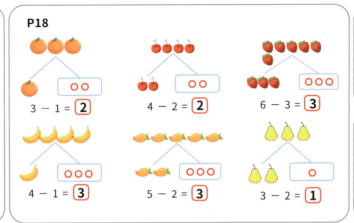

3 − 1 = 2　　4 − 2 = 2　　6 − 3 = 3
4 − 1 = 3　　5 − 2 = 3　　3 − 2 = 1

P19

4, 4　2, 2
4, 4　1, 1
2, 2　1, 1

P20

3　0
1　3　4
2　1　1
2　4　6
3　1

P21

3　5
3　4　2
4　2　6
4　5　4

P22

1　5　3
1　1　0
4　4　2
1　6　7

P23

6　4　4
2　2　1
5　5　4
6　3　6

P24

9　8
8　7
7　6
6　5
5　4
4　3
3　2
2　1
1　0

P25

7　3
4　3
1　4
1　1
4　4
3　6
6　7
5　1
2　5
3　5

P26

10　8　3
4　9　8
6　1　9
7　9　3
8　0　1
1　9　3
10　1　7
8　7　7
8　4　9
7　9　3

P27

8　6　2
7　8　1
8　2　9
6　7　4
9　6　5
3　9　5
3　5　10
4　10　7
9　0　7
3　4　1

P28

10　3　3
4　5　8
7　9　8
5　1　3
5　8　9
2　10　6
7　1　2
7　8　5
9　1　3
8　6　6

P29

8　7　2
10　10　4
7　7　1
2　10　3
4　5　6
1　6　9
9　8　10
1　2　4
7　5　10
4　3　5

十、答案

P30
1　10　5
6　9　3
10　2　8
2　2　3
10　4　9
1　4　3
5　1　6
9　5　5
10　4　10
1　6　4

P31
$1+1=2$

$4+4=8$　$2+2=4$

$3+2=5$　$4+5=9$

$5+2=7$　$4+2=6$

P32
$7+3=10$
$3+5=8$　$3+4=7$
$6+3=9$　$4+2=6$

P33
$3-2=1$
$4-1=3$　$6-2=4$
$8-4=4$　$10-5=5$
$3-1=2$　$4-3=1$

P34
$8-2=6$
$8-6=2$　$10-2=8$
$7-6=1$　$10-5=5$

P35
$2+3=5$　$4+2=6$
$5+1=6$　$6+3=9$
$5-4=1$　$4-2=2$
$10-3=7$　$8-3=5$

P36
$3+2=5$　$1+4=5$
$6+3=9$　$8+2=10$
$6-2=4$　$8-6=2$
$5-1=4$　$4-2=2$

P37
$5+3=8$
$3+5=8$
$8-3=5$
$8-5=3$

$5+2=7$　$4+2=6$
$2+5=7$　$2+4=6$
$7-2=5$　$6-2=4$
$7-5=2$　$6-4=2$

P38
$2+1=3$　$3+2=5$
$1+2=3$　$2+3=5$
$3-1=2$　$5-2=3$
$3-2=1$　$5-3=2$

$4+1=5$　$6+2=8$
$1+4=5$　$2+6=8$
$5-1=4$　$8-2=6$
$5-4=1$　$8-6=2$

P39
$1+3=4$　$3+4=7$
$3+1=4$　$4+3=7$
$4-1=3$　$7-3=4$
$4-3=1$　$7-4=3$

$5+4=9$　$6+4=10$
$4+5=9$　$4+6=10$
$9-4=5$　$10-6=4$
$9-5=4$　$10-4=6$

10以内数的分合关系

火花数感分级培养

第三级

火花思维研发中心 编

清华大学出版社
北京

版权所有，侵权必究。举报：010-62782989，beiqinquan@tup.tsinghua.edu.cn。

图书在版编目（CIP）数据

火花数感分级培养.第三级：10以内数的分合关系 / 火花思维研发中心编. — 北京：清华大学出版社，2021.1（2023.8重印）
ISBN 978-7-302-56574-1

Ⅰ.①火… Ⅱ.①火… Ⅲ.①数学课-学前教育-教学参考资料 Ⅳ.① G613.4

中国版本图书馆 CIP 数据核字 (2020) 第 187236 号

责任编辑：张　宇
封面设计：马术明
责任校对：赵丽敏
责任印制：宋　林

出版发行：清华大学出版社
　　　　网　　址：http://www.tup.com.cn，http://www.wqbook.com
　　　　地　　址：北京清华大学学研大厦A座　　邮　　编：100084
　　　　社 总 机：010-83470000　　　　　　　　邮　　购：010-62786544
　　　　投稿与读者服务：010-62776969，c-service@tup.tsinghua.edu.cn
　　　　质量反馈：010-62772015，zhiliang@tup.tsinghua.edu.cn
印 装 者：小森印刷（北京）有限公司
经　　销：全国新华书店
开　　本：185mm×260mm　　印　张：11.25　　插　页：2　　字　数：291千字
版　　次：2021年1月第1版　　　　　　　　　　印　次：2023年8月第9次印刷
定　　价：65.00元（全三册）

产品编号：089687-02

目录

一、10以内数的速算 1

二、10以内数的分解 14

三、10以内数的组合 17

四、10以内数的连加 20

五、10以内数的连减 24

六、10以内数的加减混合运算 27

七、综合拓展 31

八、综合测试 34

九、拼图游试 37

十、成长记录 40

十一、答案 42

___月 ___日

一、10以内数的速算

（一）

第 1 天

1 填一填。(3分钟完成)

10 − 6 =   2 + 6 =   3 + 4 =

6 − 3 =   9 − 6 =   2 − 1 =

9 − 3 =   2 + 4 =   5 − 1 =

10 − 4 =   4 + 2 =   8 − 1 =

10 − 5 =   6 − 1 =   6 + 2 =

4 + 1 =   8 − 5 =   10 − 2 =

2 + 2 =   8 − 6 =   4 + 3 =

10 − 7 =   1 + 2 =   9 − 8 =

2 描一描，写一写。

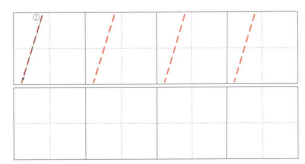

自我评价：   用时：_____

一、10以内数的速算

（二）

1 填一填。(3分钟完成)

1 + 3 = ☐   7 − 4 = ☐   3 + 1 = ☐

5 − 3 = ☐   6 + 2 = ☐   7 − 2 = ☐

8 − 5 = ☐   6 − 3 = ☐   2 + 7 = ☐

6 − 1 = ☐   1 + 8 = ☐   1 + 7 = ☐

3 − 1 = ☐   8 − 2 = ☐   8 + 1 = ☐

4 + 1 = ☐   6 + 4 = ☐   9 − 7 = ☐

8 − 3 = ☐   6 + 3 = ☐   2 + 3 = ☐

9 − 5 = ☐   4 − 2 = ☐   10 − 7 = ☐

2 描一描，写一写。

示例：

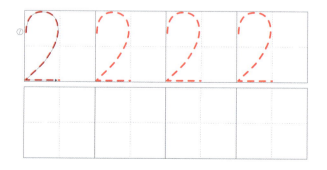

自我评价： 用时：_____

一、10以内数的速算

第 3 天

（三）

1 填一填。(3分钟完成)

1 + 2 =   9 − 8 =   2 + 1 =

7 − 3 =   6 − 3 =   1 + 3 =

9 − 4 =   6 − 2 =   1 + 8 =

3 + 3 =   3 + 5 =   10 − 2 =

3 + 2 =   7 + 1 =   4 + 5 =

4 + 1 =   2 + 7 =   8 − 3 =

10 − 4 =   9 − 5 =   5 − 2 =

3 + 6 =   2 − 1 =   9 − 6 =

2 描一描，写一写。

示例：

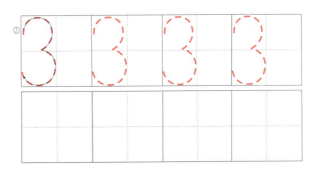

自我评价：

用时：_____

一、10以内数的速算

第 4 天

（四）

1 填一填。(3分钟完成)

8 − 2 = ☐   6 + 4 = ☐   8 − 1 = ☐

1 + 1 = ☐   2 + 8 = ☐   3 − 2 = ☐

5 − 3 = ☐   9 − 7 = ☐   7 + 1 = ☐

1 + 9 = ☐   6 + 2 = ☐   8 + 2 = ☐

5 + 2 = ☐   1 + 8 = ☐   1 + 4 = ☐

6 + 3 = ☐   7 − 3 = ☐   1 + 3 = ☐

9 + 1 = ☐   9 − 6 = ☐   1 + 6 = ☐

3 + 6 = ☐   4 − 3 = ☐   5 − 2 = ☐

2 描一描，写一写。

自我评价：   用时：_____

一、10以内数的速算

（五）

第 5 天

1 填一填。(3分钟完成)

1 + 3 = ☐   8 + 2 = ☐   9 − 8 = ☐

9 − 5 = ☐   3 + 5 = ☐   2 + 5 = ☐

2 + 7 = ☐   2 + 3 = ☐   4 − 1 = ☐

10 − 4 = ☐   1 + 2 = ☐   10 − 8 = ☐

6 + 2 = ☐   5 − 3 = ☐   4 + 5 = ☐

2 + 4 = ☐   9 − 4 = ☐   3 + 2 = ☐

3 − 2 = ☐   4 + 3 = ☐   9 − 7 = ☐

8 − 6 = ☐   8 + 1 = ☐   2 + 2 = ☐

2 描一描，写一写。

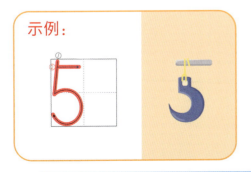
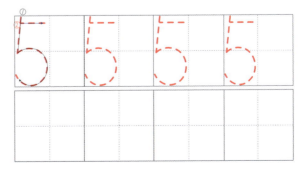

自我评价：   用时：_____

一、10以内数的速算

（六）

1 填一填。（3分钟完成）

2 + 3 = ☐   8 + 1 = ☐   9 − 7 = ☐

9 − 4 = ☐   3 + 3 = ☐   2 + 6 = ☐

2 + 5 = ☐   4 + 3 = ☐   4 − 3 = ☐

10 − 2 = ☐   2 + 2 = ☐   10 − 8 = ☐

6 + 2 = ☐   5 − 3 = ☐   4 + 5 = ☐

2 + 4 = ☐   9 − 5 = ☐   3 + 1 = ☐

2 − 1 = ☐   4 + 6 = ☐   9 − 2 = ☐

8 − 4 = ☐   8 + 2 = ☐   2 + 7 = ☐

2 描一描，写一写。

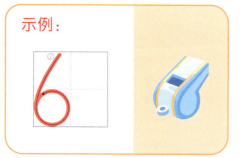

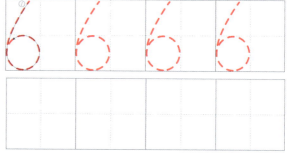

自我评价： 用时：_____

一、10以内数的速算

（七）

第 7 天

1 填一填。(2分钟完成)

4 − 2 = ☐   6 + 3 = ☐   4 + 2 = ☐

5 + 2 = ☐   2 + 4 = ☐   3 + 1 = ☐

5 − 3 = ☐   5 + 3 = ☐   4 + 5 = ☐

10 − 1 = ☐   1 + 9 = ☐   5 − 2 = ☐

6 − 2 = ☐   1 + 3 = ☐   7 − 4 = ☐

6 − 1 = ☐   8 + 2 = ☐   6 − 3 = ☐

6 − 4 = ☐   8 − 6 = ☐   3 + 6 = ☐

4 − 1 = ☐   6 − 5 = ☐   10 − 9 = ☐

2 描一描，写一写。

示例：

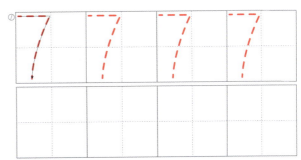

自我评价： 用时：_____

一、10以内数的速算

(八)

1 填一填。(2分钟完成)

6 + 2 = ☐   2 + 3 = ☐   7 − 6 = ☐

6 + 3 = ☐   7 + 3 = ☐   8 − 3 = ☐

3 + 2 = ☐   9 − 5 = ☐   10 − 5 = ☐

2 + 5 = ☐   5 + 4 = ☐   9 + 1 = ☐

7 − 1 = ☐   1 + 4 = ☐   2 + 6 = ☐

7 − 3 = ☐   4 − 3 = ☐   4 − 2 = ☐

7 − 5 = ☐   6 + 4 = ☐   5 + 5 = ☐

2 + 1 = ☐   5 + 3 = ☐   1 + 2 = ☐

2 描一描，写一写。

示例：

自我评价：　　　　　　　　　用时：_____

一、10以内数的速算

（九）

第 9 天

1. 填一填。（2分钟完成）

2 + 1 = ☐   2 − 1 = ☐   6 − 1 = ☐

3 + 4 = ☐   2 + 8 = ☐   5 − 3 = ☐

3 + 5 = ☐   8 + 2 = ☐   1 + 4 = ☐

7 − 6 = ☐   2 + 4 = ☐   3 − 1 = ☐

9 − 4 = ☐   5 − 2 = ☐   9 − 3 = ☐

2 + 7 = ☐   6 − 3 = ☐   6 − 2 = ☐

4 + 1 = ☐   3 + 2 = ☐   4 − 2 = ☐

1 + 7 = ☐   4 − 3 = ☐   6 − 5 = ☐

2. 描一描，写一写。

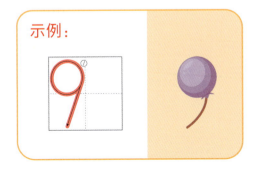
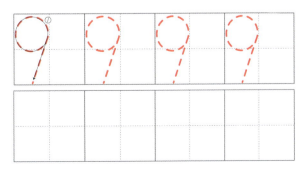

自我评价：   用时：_____

一、10以内数的速算

第10天

（十）

1 填一填。(2分钟完成)

2 + 2 = ☐   4 − 1 = ☐   9 − 1 = ☐

4 + 4 = ☐   2 + 6 = ☐   5 − 4 = ☐

3 + 6 = ☐   8 + 2 = ☐   6 + 4 = ☐

7 − 5 = ☐   5 + 4 = ☐   2 − 1 = ☐

8 − 3 = ☐   5 − 3 = ☐   9 − 5 = ☐

2 + 4 = ☐   7 − 3 = ☐   6 − 3 = ☐

4 + 1 = ☐   3 + 3 = ☐   8 − 2 = ☐

2 + 7 = ☐   4 − 2 = ☐   6 − 1 = ☐

2 描一描，写一写。

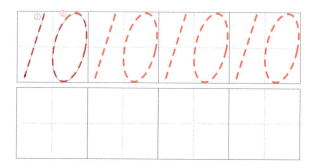

自我评价：   用时：_____

一、10以内数的速算

（十一）

 填一填。(2分钟完成)

6 + 2 = ☐   8 − 4 = ☐   8 − 2 = ☐

7 − 4 = ☐   5 + 5 = ☐   2 + 2 = ☐

7 + 3 = ☐   7 + 2 = ☐   2 + 3 = ☐

2 + 5 = ☐   8 − 5 = ☐   6 + 3 = ☐

10 − 3 = ☐   9 − 8 = ☐   9 − 1 = ☐

10 − 2 = ☐   2 + 7 = ☐   3 − 2 = ☐

4 + 4 = ☐   6 − 5 = ☐   1 + 2 = ☐

6 − 3 = ☐   5 + 4 = ☐   5 − 1 = ☐

第 11 天

学习指引：
通过反复练习计算，可以培养小朋友的数感，为大数的计算奠定基础。

自我评价：   用时：_____

（十二）

填一填。（2分钟完成）

3 + 2 = 　　9 − 4 = 　　8 + 2 =

7 + 1 = 　　3 + 5 = 　　7 + 2 =

7 − 3 = 　　4 + 2 = 　　2 + 3 =

4 + 6 = 　　8 − 6 = 　　6 + 3 =

10 − 6 = 　　9 − 3 = 　　8 − 4 =

10 − 8 = 　　2 + 7 = 　　3 − 1 =

4 + 5 = 　　9 − 5 = 　　5 + 2 =

6 − 3 = 　　5 + 5 = 　　6 − 1 =

自我评价：　　　　　　　　　　用时：_____

___月___日

一、10以内数的速算

（十三）

第13天

 填一填。（2分钟完成）

6 − 2 = ☐   8 + 2 = ☐   8 − 2 = ☐

7 + 2 = ☐   5 + 2 = ☐   2 + 2 = ☐

7 − 3 = ☐   7 − 2 = ☐   2 + 5 = ☐

2 + 3 = ☐   2 + 6 = ☐   6 − 3 = ☐

10 − 2 = ☐   9 − 8 = ☐   9 − 7 = ☐

10 − 4 = ☐   2 + 4 = ☐   3 + 2 = ☐

5 + 4 = ☐   5 + 5 = ☐   1 + 2 = ☐

9 − 3 = ☐   5 − 4 = ☐   5 + 1 = ☐

自我评价：   用时：_____

二、10以内数的分解

（一）

请你在空缺处画出正确数量的 ○ 吧！（3分钟完成）

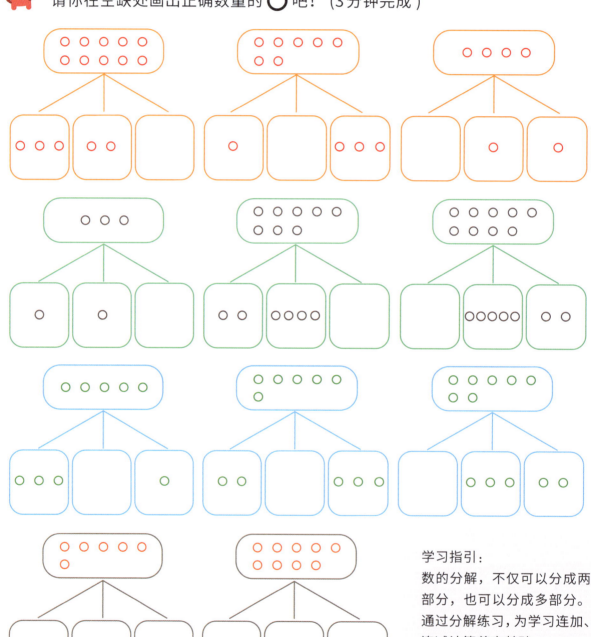

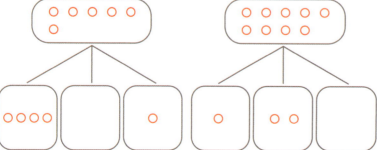

学习指引：
数的分解，不仅可以分成两部分，也可以分成多部分。通过分解练习，为学习连加、连减计算奠定基础。

自我评价：   用时：_____

二、10以内数的分解

（二）

 请你在空缺处画出正确数量的 ○ 吧！（3分钟完成）

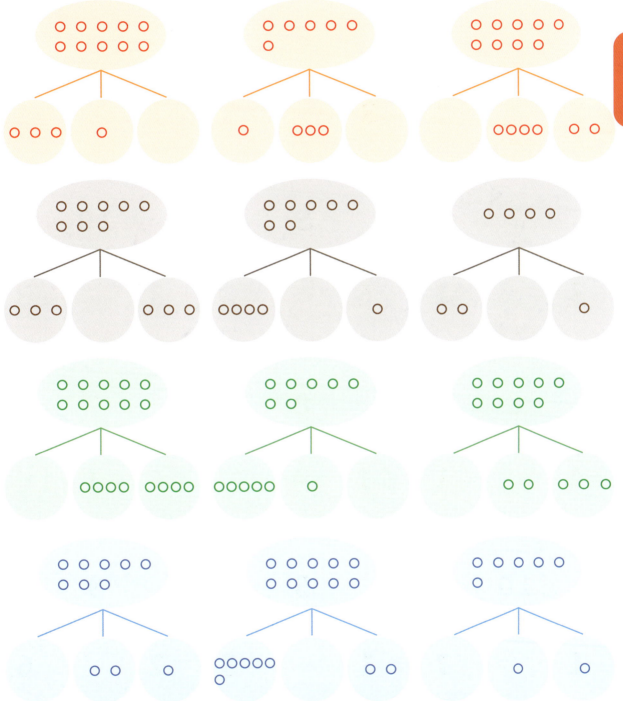

二、10以内数的分解

（三）

请你在空缺处写出正确的数吧！（2分钟完成）

  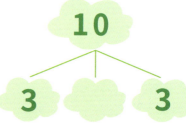

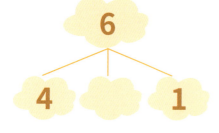 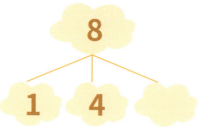 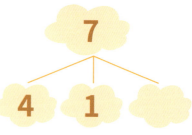

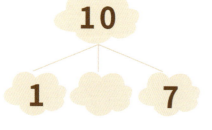 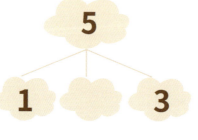 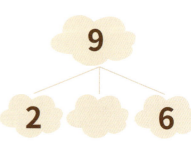

自我评价： 用时：_____

三、10以内数的组合

（一）

 请你在空缺处写出正确的数吧！（3分钟完成）

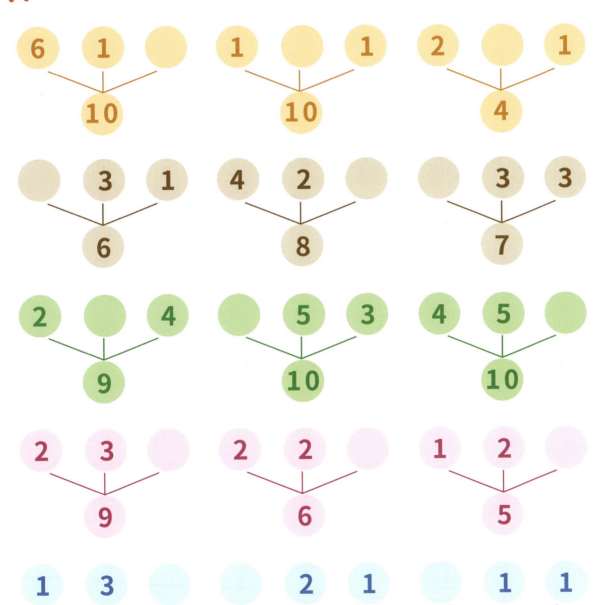

三、10以内数的组合

（二）

请你在（ ）里写出正确的数吧！（3分钟完成）

三、10以内数的组合

（三）

请你在 □ 里写出正确的数吧！（2分钟完成）

示例：

1 5 2 → 8

2 3 1 → □　　3 4 1 → □　　2 2 4 → □

1 3 5 → □　　5 2 2 → □　　4 4 2 → □　　5 4 1 → □

1 2 4 → □　　2 4 3 → □　　4 3 3 → □　　1 1 3 → □

4 4 1 → □　　3 2 3 → □　　2 3 5 → □　　7 1 1 → □

自我评价： 用时：_____

___月___日

四、10以内数的连加

（一）

 请你写出正确的数吧！（3分钟完成）

2　2　1　　　　5　1　3　　　　2　1　1
  (　)　　　　　　(　)　　　　　　(　)

2+2+1=□　　　5+1+3=□　　　2+1+1=□

6　1　2　　　　1　3　4　　　　4　2　2
  (　)　　　　　　(　)　　　　　　(　)

6+1+2=□　　　1+3+4=□　　　4+2+2=□

6　1　1　　　　2　4　2　　　　2　2　2
  (　)　　　　　　(　)　　　　　　(　)

6+1+1=□　　　2+4+2=□　　　2+2+2=□

3　3　3　　　　3　1　2　　　　1　4　1
  (　)　　　　　　(　)　　　　　　(　)

3+3+3=□　　　3+1+2=□　　　1+4+1=□

自我评价：　用时：_____

四、10以内数的连加

（二）

 请你在 ☐ 里写出正确的数吧！（3分钟完成）

4 + 4 + 2 = ☐   1 + 1 + 3 = ☐   1 + 3 + 5 = ☐

2 + 2 + 2 = ☐   4 + 1 + 2 = ☐   3 + 2 + 1 = ☐

2 + 3 + 5 = ☐   1 + 7 + 1 = ☐   5 + 2 + 2 = ☐

6 + 1 + 2 = ☐   2 + 1 + 3 = ☐   4 + 5 + 1 = ☐

1 + 4 + 2 = ☐   1 + 5 + 1 = ☐   2 + 2 + 5 = ☐

4 + 3 + 2 = ☐   1 + 3 + 4 = ☐   2 + 1 + 7 = ☐

5 + 1 + 2 = ☐   2 + 2 + 3 = ☐   1 + 8 + 1 = ☐

第21天

自我评价：   用时：_____

四、10以内数的连加

（三）

请你在 ☐ 里写出正确的数吧！（3分钟完成）

4 + 2 + 1 = ☐   4 + 5 + 1 = ☐

5 + 3 + 2 = ☐   6 + 2 + 2 = ☐

7 + 1 + 2 = ☐   3 + 1 + 4 = ☐

8 + 1 + 1 = ☐   6 + 1 + 3 = ☐

7 + 1 + 1 = ☐   3 + 4 + 3 = ☐

2 + 3 + 5 = ☐   2 + 2 + 2 = ☐

3 + 5 + 2 = ☐   4 + 1 + 3 = ☐

4 + 1 + 1 = ☐   5 + 3 + 1 = ☐

5 + 4 + 1 = ☐   4 + 1 + 4 = ☐

3 + 3 + 3 = ☐   6 + 2 + 1 = ☐

2 + 3 + 1 = ☐   3 + 3 + 1 = ☐

自我评价：   用时：_____

四、10以内数的连加

（四）

 请你在 ☐ 里写出正确的数吧！（2分钟完成）

4 + 3 + 2 = ☐   3 + 1 + 2 = ☐

8 + 1 + 1 = ☐   9 + 1 + 0 = ☐

6 + 2 + 2 = ☐   2 + 6 + 2 = ☐

4 + 1 + 3 = ☐   3 + 1 + 3 = ☐

1 + 7 + 2 = ☐   1 + 3 + 5 = ☐

6 + 3 + 1 = ☐   4 + 4 + 2 = ☐

4 + 1 + 1 = ☐   5 + 2 + 3 = ☐

1 + 1 + 2 = ☐   5 + 3 + 1 = ☐

4 + 5 + 1 = ☐   2 + 4 + 2 = ☐

3 + 4 + 2 = ☐   3 + 3 + 1 = ☐

2 + 4 + 1 = ☐   3 + 1 + 5 = ☐

第23天

自我评价：   用时：_____

五、10以内数的连减

（一）

 请你写出正确的数吧！（4分钟完成）

10－2－3＝☐   8－4－2＝☐   6－4－1＝☐

3－1－1＝☐   7－1－3＝☐   6－1－2＝☐

8－1－4＝☐   9－1－3＝☐   7－3－2＝☐

10－5－1＝☐   5－1－2＝☐   7－3－3＝☐

9－2－3＝☐   10－4－2＝☐   8－5－1＝☐

自我评价：   用时：_____

五、10 以内数的连减

（二）

请你在 ☐ 里写出正确的数吧！（3分钟完成）

9 － 3 － 1 = ☐　　8 － 5 － 1 = ☐

7 － 3 － 2 = ☐　　8 － 5 － 2 = ☐

5 － 3 － 1 = ☐　　8 － 3 － 2 = ☐

5 － 1 － 2 = ☐　　8 － 4 － 2 = ☐

9 － 5 － 1 = ☐　　9 － 6 － 2 = ☐

9 － 7 － 1 = ☐　　6 － 3 － 2 = ☐

7 － 2 － 4 = ☐　　9 － 6 － 1 = ☐

9 － 2 － 4 = ☐　　5 － 2 － 2 = ☐

7 － 2 － 1 = ☐　　6 － 2 － 2 = ☐

6 － 1 － 1 = ☐　　6 － 4 － 1 = ☐

第 25 天

自我评价：　　　　　　　　　　用时：_____

五、10以内数的连减

（三）

 请你在 ☐ 里写出正确的数吧！（4分钟完成）

$8 - 5 - 2 =$ ☐ $8 - 5 - 1 =$ ☐

$3 - 1 - 1 =$ ☐ $7 - 3 - 3 =$ ☐

$6 - 1 - 1 =$ ☐ $9 - 3 - 1 =$ ☐

$8 - 2 - 1 =$ ☐ $9 - 4 - 1 =$ ☐

$6 - 1 - 2 =$ ☐ $7 - 3 - 1 =$ ☐

$6 - 2 - 2 =$ ☐ $7 - 4 - 1 =$ ☐

$5 - 1 - 2 =$ ☐ $6 - 3 - 2 =$ ☐

$8 - 4 - 2 =$ ☐ $6 - 1 - 3 =$ ☐

$7 - 2 - 3 =$ ☐ $5 - 1 - 3 =$ ☐

第26天

自我评价： 用时：_____

六、10以内数的加减混合运算

（一）

 请你在 ☐ 里写出正确的数吧！（4分钟完成）

$3 + 5 - 7 =$ ☐ $8 - 2 + 1 =$ ☐

$7 + 3 - 8 =$ ☐ $6 - 2 + 3 =$ ☐

$2 + 7 - 6 =$ ☐ $5 - 4 + 3 =$ ☐

$8 + 1 - 5 =$ ☐ $8 - 3 + 2 =$ ☐

$5 + 1 - 4 =$ ☐ $5 - 4 + 7 =$ ☐

$6 + 4 - 3 =$ ☐ $7 - 2 + 5 =$ ☐

$3 + 7 - 2 =$ ☐ $7 - 3 + 5 =$ ☐

$4 + 6 - 2 =$ ☐ $5 - 4 + 8 =$ ☐

$1 + 9 - 8 =$ ☐ $5 - 2 + 6 =$ ☐

$6 + 4 - 5 =$ ☐ $7 - 3 + 4 =$ ☐

$4 + 6 - 3 =$ ☐ $6 - 4 + 2 =$ ☐

$9 + 1 - 5 =$ ☐ $5 - 1 + 4 =$ ☐

学习指引：
运算符号很重要，一步一步需辨清。

自我评价：

六、10以内数的加减混合运算

（二）

请你在 □ 里写出正确的数吧！（4分钟完成）

8 + 1 − 2 =
7 + 1 − 5 =
2 − 1 + 8 =
3 − 2 + 7 =
6 + 2 − 5 =
4 + 3 − 2 =
10 − 2 + 1 =
9 + 1 − 2 =
8 − 3 + 2 =
9 + 1 − 5 =
7 + 2 − 4 =
3 + 3 − 4 =

7 + 3 − 4 =
5 + 5 − 8 =
4 + 6 − 1 =
3 − 1 + 8 =
3 + 3 − 1 =
9 − 7 + 4 =
8 − 6 + 5 =
6 + 4 − 9 =
8 − 7 + 6 =
7 + 3 − 5 =
6 + 2 − 4 =
5 + 4 − 8 =

六、10以内数的加减混合运算

（三）

 请你在 ☐ 里写出正确的数吧！（3分钟完成）

8 + 2 − 5 = ☐	10 − 9 + 4 = ☐
7 − 1 + 4 = ☐	6 + 3 − 5 = ☐
6 + 2 − 4 = ☐	7 − 4 + 2 = ☐
8 + 2 − 9 = ☐	8 + 1 − 8 = ☐
2 − 1 + 5 = ☐	9 + 1 − 7 = ☐
3 + 2 − 4 = ☐	4 − 1 + 3 = ☐
1 + 8 − 7 = ☐	5 + 4 − 1 = ☐
10 − 8 + 1 = ☐	1 + 5 − 3 = ☐
7 − 6 + 5 = ☐	2 + 2 − 1 = ☐
6 − 3 + 4 = ☐	10 − 10 + 3 = ☐
5 + 5 − 7 = ☐	7 − 3 + 2 = ☐
2 + 2 − 3 = ☐	6 − 5 + 4 = ☐

第29天

自我评价： 用时：_____

六、10以内数的加减混合运算

(四)

请你在 □ 里写出正确的数吧！(2分钟完成)

1 + 2 − 1 =
8 + 1 − 1 =
10 − 2 + 1 =
8 + 1 − 4 =
6 − 1 + 2 =
10 − 8 + 2 =
8 + 2 − 6 =
7 + 3 − 5 =
10 + 0 − 5 =
3 − 1 + 7 =
2 + 4 − 5 =
10 − 10 + 5 =

2 + 1 − 1 =
4 + 5 − 3 =
6 − 4 + 4 =
10 − 3 + 2 =
8 − 4 + 2 =
10 − 8 + 1 =
9 − 1 + 1 =
3 + 6 − 4 =
2 + 7 − 8 =
4 + 5 − 1 =
7 + 1 − 6 =
6 − 4 + 8 =

自我评价： 用时：_____

七、综合拓展

（一）

1 ▢里哪3个数相加可以组成上面的数？圈一圈。(5分钟完成)

示例：

7
①②3④5

10
2 3 4 5 6

6
1 2 3 4 5

8
1 2 3 4 7

10
1 2 3 6 9

5
1 2 2 4 5

9
1 2 3 7 5

4
1 2 1 4 3

9
1 2 6 3 7

2 等式怎么才成立呢？请你圈一圈。(3分钟完成)

示例：

$10 - \begin{array}{c} 1 \\ 2 \\ ③ \end{array} - \begin{array}{c} 3 \\ 4 \\ ⑤ \end{array} = 2$

$9 - \begin{array}{c} 3 \\ 2 \\ 1 \end{array} - \begin{array}{c} 4 \\ 3 \\ 2 \end{array} = 2$

$8 - \begin{array}{c} 2 \\ 3 \\ 1 \end{array} - \begin{array}{c} 5 \\ 1 \\ 2 \end{array} = 1$

$7 - \begin{array}{c} 2 \\ 1 \\ 3 \end{array} - \begin{array}{c} 1 \\ 5 \\ 2 \end{array} = 1$

自我评价：   　　用时：_____

（二）

 请你在 ☐ 里写出正确的数吧！（5分钟完成）

示例：

4 − ♥ = 2
♥ = 2

10 − 🟢 = 7
🟢 = ☐

8 − ⭐ = 5
⭐ = ☐

7 − ✦ = 4
✦ = ☐

10 − 💚 = 2
💚 = ☐

3 − 🟧 = 1
🟧 = ☐

🍉 − 6 = 3
🍉 = ☐

🍊 − 1 = 8
🍊 = ☐

自我评价：   用时：_____

七、综合拓展

（三）

 请你在☐里写出正确的数吧！（5分钟完成）

2 + 🍎 = 8
🍎 = ☐

1 + 🍓 = 3
🍓 = ☐

3 + 🍐 = 6
🍐 = ☐

7 + 🟤 = 9
🟤 = ☐

4 + 🍊 = 8
🍊 = ☐

2 + 🥭 = 7
🥭 = ☐

2 + 🍑 = 6
🍑 = ☐

3 + 🍌 = 9
🍌 = ☐

3 + 🥝 = 5
🥝 = ☐

2 + 🫐 = 10
🫐 = ☐

第33天

自我评价：   用时：_____

八、综合测试

（一）
（15分钟完成）

请你在 ▢ 里写出正确的数吧！

```
    8          9         10         7
   / \        / \        / \       / \
  4   ▢     ▢   2      1 2 ▢     ▢  4 2
```

4 + 2 + 1 = ▢   2 + 1 + 1 = ▢

8 + 1 + 1 = ▢   5 + 2 + 3 = ▢

4 + 2 + 3 = ▢   3 + 1 + 1 = ▢

10 − 2 − 1 = ▢   8 − 4 − 2 = ▢

4 − 2 − 1 = ▢   9 − 4 − 4 = ▢

6 − 1 − 3 = ▢   7 − 1 − 4 = ▢

🍎 + 2 = 6   🍆 − 2 = 6   🥦 + 1 = 6
🍎 = ▢   🍆 = ▢   🥦 = ▢

🍌 + 4 = 8   4 + 🥔 = 10   10 − 🍇 = 4
🍌 = ▢   🥔 = ▢   🍇 = ▢

自我评价： 🔥 🔥 🔥 🔥 🔥   用时：_____

___月 ___日

八、综合测试

（二）
（30分钟完成）

 请你在 ☐ 里写出正确的数吧！

☐ + 4 = 8　　8 + ☐ = 10　　2 + ☐ = 3

☐ + 3 = 9　　3 − ☐ = 2　　1 + ☐ = 2

☐ + 3 = 5　　2 + ☐ = 4　　6 − ☐ = 4

☐ − 2 = 5　　3 + ☐ = 6　　8 − ☐ = 6

☐ − 4 = 4　　2 + ☐ = 9　　2 − ☐ = 1

☐ − 3 = 4　　6 − ☐ = 3　　8 − ☐ = 3

☐ − 2 = 8　　☐ − 5 = 4　　5 + ☐ = 10

4 + 3 − 1 = ☐　　8 − 4 + 1 = ☐　　9 − 6 + 1 = ☐

6 + 4 − 2 = ☐　　4 + 4 − 1 = ☐　　8 − 5 + 2 = ☐

第35天

2 ▢ 里哪3个数相加可以组成上面的数？圈一圈。

6	9	8
1 2 3 4	2 3 4 5	4 5 1 2

10	7	10
4 1 3 5	1 2 3 4	2 3 5 7

3 请你圈出正确的数，使等式成立。

$10 - \begin{bmatrix} 2 \\ 3 \\ 4 \end{bmatrix} - \begin{bmatrix} 6 \\ 1 \\ 3 \end{bmatrix} = 2$ $7 - \begin{bmatrix} 1 \\ 2 \\ 3 \end{bmatrix} - \begin{bmatrix} 5 \\ 2 \\ 1 \end{bmatrix} = 1$

$8 - \begin{bmatrix} 1 \\ 4 \\ 3 \end{bmatrix} - \begin{bmatrix} 4 \\ 2 \\ 1 \end{bmatrix} = 2$ $9 - \begin{bmatrix} 3 \\ 2 \\ 1 \end{bmatrix} - \begin{bmatrix} 4 \\ 3 \\ 1 \end{bmatrix} = 2$

$10 - \begin{bmatrix} 1 \\ 2 \\ 3 \end{bmatrix} - \begin{bmatrix} 1 \\ 5 \\ 2 \end{bmatrix} = 3$ $9 - \begin{bmatrix} 1 \\ 2 \\ 3 \end{bmatrix} - \begin{bmatrix} 2 \\ 3 \\ 5 \end{bmatrix} = 1$

自我评价： 用时：_____

九、拼图游戏
剪裁卡片，开启神秘之旅！

重组卡片，召唤神秘惊喜！

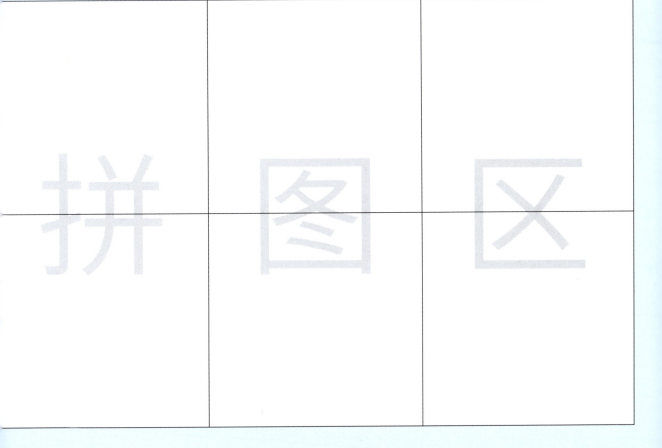

十、成长记录

日期	用时	收获

十、成长记录

日期	用时	收获

十一、答案

P1
4 8 7
3 3 1
6 6 4
6 6 7
5 5 8
5 3 8
4 2 7
3 3 1

P2
4 3 4
2 8 5
3 3 9
5 9 8
2 6 9
5 10 2
5 9 5
4 2 3

P3
3 1 3
4 3 4
5 4 9
6 8 8
5 8 9
5 9 5
6 4 3
9 1 3

P4
6 10 7
2 10 1
2 2 8
10 8 10
7 5 5
9 4 4
10 3 7
9 1 3

P5
4 10 1
4 8 7
9 5 3
6 3 2
8 2 9
6 5 5
1 7 2
2 9 4

P6
5 9 2
5 6 8
7 7 1
8 4 2
8 2 9
6 4 4
1 10 7
4 10 9

P7
2 9 6
7 6 4
2 8 9
9 10 3
4 4 3
5 10 3
2 2 9
3 1 1

P8
8 5 1
9 10 5
5 4 5
7 9 10
6 5 8
4 1 2
2 10 10
3 8 3

P9
3 1 5
7 10 2
8 10 5
1 6 2
5 3 6
9 3 4
5 2 3
8 1 1

P10
4 3 8
8 8 1
9 10 10
2 9 1
5 2 4
6 4 3
5 6 6
9 2 5

P11
8 4 6
3 10 4
10 9 5
7 3 9
7 1 8
8 9 1
8 1 3
3 9 4

P12
5 5 10
8 8 9
4 6 5
10 2 9
4 6 4
2 9 2
9 4 7
3 10 5

十一、答案

P13
4	10	6
9	7	4
4	5	7
5	8	3
8	1	2
6	6	5
9	10	3
6	1	6

P14

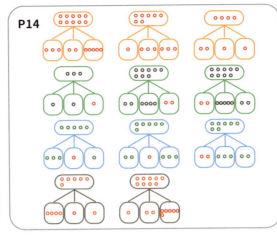

P16
2	2	2
3	1	4
1	3	2
2	1	1

P15

P17
3	8	1
2	2	1
3	2	1
4	2	2
5	7	3

P18
3	2	1
4	1	2
3	2	3
7	2	1
4	1	1

P19
6	8	8
9	9	10	10
7	9	10	5
9	8	10	9

P20
5	9	4
9	8	8
8	8	6
9	6	6

P21
10	5	9
6	7	6
10	9	9
9	6	10
7	7	9
9	8	10
8	7	10

P22
7	10
10	10
10	8
10	10
9	10
10	6
10	8
6	9
10	9
9	9
6	7

P23
9	6
10	10
10	10
8	7
10	9
10	10
6	10
4	9
10	8
9	7
7	9

P24
5	2	1
1	3	3
3	5	2
4	2	1
4	4	2

十一、答案

P25	P26	P27	P28	P29	P30
5 2	1 2	1 7	7 6	5 5	2 2
2 1	1 1	2 7	3 2	10 4	8 6
1 3	4 5	3 4	9 9	4 5	9 6
2 2	5 4	4 7	8 10	1 1	5 9
3 1	3 3	2 8	3 5	6 3	7 6
1 1	2 2	7 10	5 6	1 6	4 3
1 2	2 1	8 9	9 7	2 8	4 9
3 1	2 2	8 9	8 1	3 3	5 5
4 2	2 1	2 9	7 7	6 3	5 1
4 1		5 8	5 5	7 3	9 8
		7 4	5 4	3 5	1 2
		5 8	2 1	1 5	5 10

P31

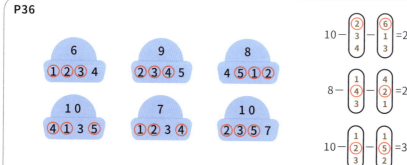

P32		P33	
	3	6	2
3	3	3	2
8	2	4	5
9	9	4	6
		2	8

P34				P35		
4	7	7	1	4	2	1
	7	4		6	1	1
	10	10		2	2	2
	9	5		7	3	2
	7	2		8	7	1
	1	1		7	3	5
	2	2		10	9	5
4	8	5		6	5	4
4	6	6		8	7	5

P36

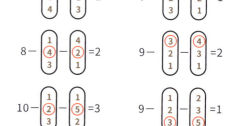